우체국금융
개발원

직업기초능력평가

우체국금융개발원

직업기초능력평가

초판 발행		2022년 1월 7일
개정판 발행		2025년 2월 7일

편 저 자 | 취업적성연구소

발 행 처 | ㈜서원각

등록번호 | 1999-1A-107호

주   소 | 경기도 고양시 일산서구 덕산로 88-45(가좌동)

교재주문 | 031-923-2051

팩   스 | 031-923-3815

교재문의 | 카카오톡 플러스 친구[서원각]

홈페이지 | goseowon.com

PREFACE

우리나라 기업들은 1960년대 이후 현재까지 비약적인 발전을 이루었다. 이렇게 급속한 성장을 이룰 수 있었던 배경에는 우리나라 국민들의 근면성 및 도전정신이 있었다. 그러나 빠르게 변화하는 세계 경제의 환경에 적응하기 위해서는 근면성과 도전정신 이외에 또 다른 성장 요인이 필요하다.

최근 많은 공사 · 공단에서는 기존의 직무 관련성에 대한 고려 없이 인 · 적성, 지식 중심으로 치러지던 필기전형을 탈피하고, 산업현장에서 직무를 수행하기 위해 요구되는 능력을 산업부문별 · 수준별로 체계화 및 표준화한 NCS를 기반으로 하여 채용공고 단계에서 제시되는 '직무 설명자료'에서 제시되는 직업기초능력과 직무수행능력을 측정하기 위한 직업기초능력평가, 직무수행능력평가 등을 도입하고 있다.

우체국금융개발원에서도 업무에 필요한 역량 및 책임감과 적응력 등을 구비한 인재를 선발하기 위하여 고유의 직무능력평가를 치르고 있다. 본서는 우체국금융개발원 신입사원 채용대비를 위한 필독서로 우체국금융개발원 직무능력평가의 출제경향을 철저히 분석하여 응시자들이 보다 쉽게 시험유형을 파악하고 효율적으로 대비할 수 있도록 구성하였다.

신념을 가지고 도전하는 사람은 반드시 그 꿈을 이룰 수 있습니다. 처음에 품은 신념과 열정이 취업 성공의 그 날까지 빛바래지 않도록 서원각이 수험생 여러분을 응원합니다.

STRUCTURE

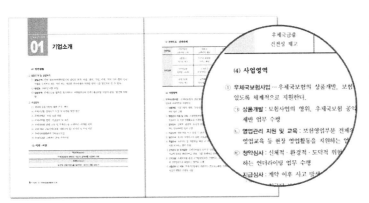

NCS 핵심이론

NCS 직업기초능력 핵심이론을 체계적으로 정리하여 단기간에 학습할 수 있도록 하였습니다.

출제예상문제

각 영역에 대한 다양한 유형의 출제예상 문제를 수록하여 실전에 대비할 수 있습니다.

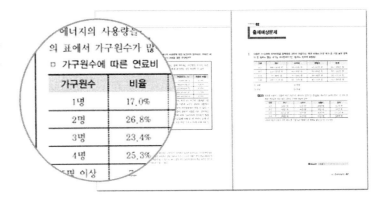

직업성격검사 및 면접

인성검사의 개요와 인성검사 예시를 수록하였습니다. 또한 성공취업을 위한 면접의 기본 및 최신 면접 기출을 수록하여 취업의 마무리까지 깔끔하게 책임집니다.

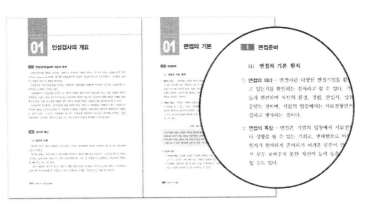

CONTENTS

PART

01

우체국금융개발원
소개

CHAPTER

01 기업소개

(1) 일반현황

① 설립근거 및 설립목적

    ㉠ 설립근거 : 민법 제32조(비영리법인의 설립과 허가) 학술, 종교, 자선, 기예, 사교 기타 영리 아닌 사업을 목적으로 하는 사단 또는 재단은 주무관청의 허가를 얻어 이를 법인으로 할 수 있다.

    ㉡ 설립일 : 1966년 4월 30일

    ㉢ 설립목적 : 우체국금융 업무를 효과적으로 지원함으로써 우체국예금보험 사업의 향상·발전에 기여함

② 주요업무

    ㉠ 국내외 금융시장에 대한 조사·연구

    ㉡ 우체국금융 신서비스 도입 및 마케팅 방안 연구

    ㉢ 우체국예금·보험 상품 개발

    ㉣ 우체국보험 청약·지급심사 및 조사

    ㉤ 우체국보험 관련 교육 및 우체국금융 고객관리·마케팅 지원

    ㉥ 국내/해외 금융시장(국내, 해외주식 등) 리서치 및 투자 자문

    ㉦ 우체국보험회관의 수탁관리사업

    ㉧ 우체국금융 고객센터 운영 수탁사업

(2) 미션·비전

미션(Mission)
우체국금융의 발전과 국민의 경제생활 안정에 기여

비전(Vision)
보편적 금융서비스를 실현하는 국민의 금융 파트너

(3) 전략목표 · 전략과제

전략목표	지속가능한 금융사업 구축	실용적 고객편의 제고	신뢰기반 공공가치 실현	효율적 경영체계 강화
전략과제	금융연구 적시성 제고	수요자 맞춤형 서비스 제공	실천적 책임경영 구축	효과성 중심 혁신성과 창출
	디지털금융 플랫폼 고도화	고객중심 보장서비스 확대	금융 포용 안전성 확대	경영자원 운용 최적화
	우체국금융 건전성 제고	고객체감형 상담품질 강화	친환경 · 안전시스템 내재화	동기부여 기반 조직문화 확산

(4) 사업영역

① **우체국보험사업** … 우체국보험의 상품개발, 보험금 지급, 고객상담 등 전 과정이 최적으로 운용될 수 있도록 체계적으로 지원한다.

- ㉠ **상품개발** : 보험사업의 영위, 우체국보험 공익적 목적달성의 근간이 되는 상품개발과 이와 연계된 제반 업무 수행
- ㉡ **영업관리 지원 및 교육** : 보험영업부문 전체의 영업 방향을 설정하고 영업조직의 역량 개발을 위한 영업교육 등 현장 영업활동을 지원하는 업무 수행
- ㉢ **청약심사** : 신체적 · 환경적 · 도덕적 위험을 종합적으로 평가하여 합리적으로 계약 인수조건을 결정하는 언더라이팅 업무 수행
- ㉣ **지급심사** : 계약 이후 사고 발생 시 관련 보험금 지급의 적절성을 판단하는 클레임 업무 수행
- ㉤ **일반조사** : 청구된 보험사고가 관련 보험금을 지급받는데 있어서 적정한지를 조사하는 업무 수행
- ㉥ **특별조사** : 보험사기 등 역선택을 예방 및 적발하고 부당보험금 누수를 방지하여 선량한 보험계약자를 보호하는 업무 수행
- ㉦ **손익관리 등 회계업무** : 우체국보험의 수익성 강화를 위한 손해율 관리 및 보험계약에 따른 보험금 지급에 필요한 책임준비금 산출, 각종 통계자료 관리 및 분석, 결산 업무 수행
- ㉧ **고객상담** : 우체국보험 관련 고객상담업무를 수행하고, 고객에게 양질의 상담서비스를 제공하기 위한 전문상담사를 육성하는 업무를 수행
- ㉨ **보험관련 IT 지원** : 우체국금융에서 사용하는 IT프로그램을 검증하고 데이터의 신뢰도를 높여 금융사업의 원활한 수행을 지원

② 우체국예금 사업 ··· 우체국예금 사업의 활성화를 위해 다양한 금융 관련 서비스를 지원한다.

    ㉠ **상품개발** : 국내외 신상품 동향, 제도변화, 우체국예금상품 수익성 분석을 통해 고객의 니즈에 부합하는 예금·카드상품 개발 업무를 수행

    ㉡ **마케팅기획** : 우체국예금사업 활성화를 위한 상품 프로모션 기획 등 제반 지원업무를 수행

    ㉢ **디지털서비스 기획/운영** : 우체국예금사업의 디지털 사업 관련 비즈니스 및 서비스를 기획하고, 우체국 스마트뱅킹 등 디지털 채널 운영을 지원한다. 채널 부문에서는 우체국 예금 App의 이체, 인증, 결제 등 여러 기능과 UI개선 및 제휴 업무를 수행한다. 신사업 부문에서는 마이데이터 등 다양한 핀테크 관련 비즈니스를 발굴하고, 빅데이터 시스템을 활용하여 데이터 분석 업무를 지원

    ㉣ **금융사기대응** : 보이스피싱 등 전기통신 금융사기 피해 접수 및 피해금 환급 업무를 수행

    ㉤ **고객정보관련 IT 지원** : 대내외 고객의 정보보호 및 IT 업무를 수행

    ㉥ **펀드사업** : 우체국펀드 사업의 운영을 위한 체계적·효율적 지원 업무를 수행

③ 우체국금융연구 사업 ··· 우체국예금·보험 관련 분석·조사·연구활동을 통해 우체국금융의 미래 지속 성장 기반 강화를 지원한다.

    ㉠ **우체국금융 발전 전략 연구** : 우체국예금·보험의 발전 전략 기획 및 수립, 신규 사업 및 서비스 도입 검토, 법령 및 제도개선 등 사업 활성화 지원을 위한 다양한 정책·전략 연구 활동을 수행

    ㉡ **금융시장 동향 조사·분석** : 금융정책 및 금융시장 동향 조사, 국내외 금융회사 경영 선진사례 분석 등 금융시장 전반에 대한 조사·분석을 통한 연구 리포트 작성 및 발간 업무를 수행

    ㉢ **뉴욕사무소 운용** : 우체국예금·보험의 해외투자 현지실사, 시장동향 파악 및 전략방안을 제시하는 업무를 수행

CHAPTER

02 채용안내

(1) 인재상 및 인사제도

① 인재상 … "사람이 희망이다."

    ㉠ **감사나눔 소통인** : 변화와 다양성을 수용 할 수 있는 열린 마음을 가진 인재

    ㉡ **신뢰존중 책임인** : 상호 신뢰하고 존중하는 가운데서 역할과 책임을 다하는 인재

    ㉢ **고객사랑 실천인** : 고객감동 우정금융서비스를 실천하는 인재

    ㉣ **최고지향 전문인** : 창의적 사고를 통한 전문역량을 갖춘 미래지향적 인재

② 인사제도

    ㉠ 직원채용 원칙

      • 공개모집에 의한 채용

      • 공평한 기회보장을 위해 역량과 능력중심의 채용

      • 채용시기, 채용규모, 시험방법 등 채용정보 사전 공개에 의한 채용

    ㉡ 승진 원칙

      • 경력, 학력 등을 배제한 능력과 성과에 따른 공정한 승진

      • 승진방법, 기준을 미리 공지하여 투명한 절차에 의한 승진

      • 직급별 승진소요 연한

직급	2급	3급	4급	5급	6급	7급
연한	-	4년	4년	2년 6월	2년	1년 6월

(2) 채용안내[2024년 5차 공개채용(NCS 채용) 기준]

① 신입직 채용분야 및 자격요건

    ㉠ 신입직(NCS 분야) 채용분야 및 자격요건

채용분야	직급	인원	근무지	자격요건
《제한경쟁》 산업안전· 보건담당자	7급	1명	본사 (서울 당산)	• 임용일 기준 만 18세 이상인 자로서 산업안전보 건법 시행령 별표6 1~6의 요건을 충족하는 자 ※ 우대사항 – 공공기관 안전활동 수준평가 등 외부평가 수감· 대응 경험 – ISO45001 운영 경험
보험계리	연구원	1명	본사 (서울 당산)	• 임용일 기준 만 18세 이상인 자 • 다음요건 중 1가지 이상 해당되는 자 – 학사학위 취득자 – 전문학사학위 취득자로서 관련분야 경력 1년 이상 인 자 ※ 우대사항 – 국내외 계리사 자격증 소지자 및 부분 합격자 – 계리업무, 상품개발 유경험자
실손보험 지급심사	7급	8명	본사 (서울 당산)	• 임용일 기준 만 18세 이상인 자 ※ 우대사항 – 의료·보건·보험 관련업 경력자 – 의료·보건·보험 관련 자격증 소지자
보험사고조사	7급	1명	서울지사 (서울 광진)	• 임용일 기준 만 18세 이상인 자 ※ 우대사항 – 의료·보건·보험 관련업 경력자 – 의료·보건·보험 관련 자격증 소지자

② 전형방법

㉠ 1차 서류심사

• 심사기준 : 서류심사 평가표에 의한 평가(블라인드 심사)

• 선발인원 : 평균 60점 이상인 자로서 고득점순 합격자 선발

구분	선발인원			
NCS 분야	내규에 의거한 배수를 필기시험 대상인원으로 선발			
	채용예정인원	1명	2명~4명	5명 이상
	필기시험대상인원	15배수	10배수	8배수

• 동점자처리기준

– 취업지원대상자 〉 장애인 〉 청년 〉 지역인재 〉 경력단절여성 〉 북한이탈주민 〉 다문화가정 〉 저
소득층 〉 자립준비청년 〉 공공기관 청년인턴 수료자 순으로 순차적용

– 분야별 평가요소 우선순위 고득점 순으로 순차적용

ⓛ 2차 필기시험

종합인성검사	직업기초능력평가 실시
개인, 직무, 관계 차원 검사	분야별 직업기초능력 3과목 (직무기술서 내 직업능력 시험과목 참조)
객관식 5지 선다형	4지 선다형
총 193문항, 총 25분 소요	총 60문항, 총 60분(과목당 20문항, 각 20분)

※ 종합인성결과가 fail인 경우 불합격처리
• 분야별 선발인원 : 직업능력검사 점수 순위에 따라 해당인원을 선발

채용예정인원	5명 이하	6~7명	8~9명	10명 이상
면접인원	5배수	26명	28명	3배수

• 시험장소 : 당산서중학교(서울시 영등포구 당산로 41길 12)
• 동점자처리기준
 − 취업지원대상자 > 장애인 > 청년 > 지역인재 > 경력단절여성 > 북한이탈주민 > 다문화가정 >
  저소득층 > 자립준비청년 > 공공기관 청년인턴 수료자 순으로 순차적용
 − 분야별 직업능력검사 직업기초능력 3과목 중 우선순위 순 고득점 순차적용
 − 직업성격검사 고득점 순차적용(총점 기준)
 − 서류심사 순위 적용
 − 서류심사 동점자 기준 적용

ⓒ 3차 면접심사
• 심사기준 : 면접심사 평가표에 의한 평가(블라인드 심사)
• 선발인원
 − 평균 60점 이상인 자로서 고득점순 합격자 선발
 − 60점 이상자에 한하여 예비합격자를 지정할 수 있음
• 심사방법 : 집단면접
 − 질의응답형 면접 상호토론 면접(토론주제 사전 미공개) 실시
• 동점자 처리기준
 − 취업지원대상자 > 장애인 > 청년 > 지역인재 > 경력단절여성 > 북한이탈주민 > 다문화가정 > 저
  소득층 > 자립준비청년 > 공공기관 청년인턴 수료자 순으로 순차적용
 − 분야별 평가요소 우선순위 고득점 순으로 순차적용
 − 필기시험, 서류심사 순으로 우선기준 적용

PART

02

직무능력검사

CHAPTER

01 의사소통능력

1 의사소통과 의사소통능력

(1) 의사소통

① 개념 : 사람들 간에 생각이나 감정, 정보, 의견 등을 교환하는 총체적인 행위로, 직장생활에서의 의사소통은 조직과 팀의 효율성과 효과성을 성취할 목적으로 이루어지는 구성원 간의 정보와 지식 전달 과정이라고 할 수 있다.

② 기능 : 공동의 목표를 추구해 나가는 집단 내의 기본적 존재 기반이며 성과를 결정하는 핵심 기능이다.

③ 의사소통의 종류
   ㉠ 언어적인 것 : 대화, 전화통화, 토론 등
   ㉡ 문서적인 것 : 메모, 편지, 기획안 등
   ㉢ 비언어적인 것 : 몸짓, 표정 등

④ 의사소통을 저해하는 요인 : 정보의 과다, 메시지의 복잡성 및 메시지 간의 경쟁, 상이한 직위와 과업지향형, 신뢰의 부족, 의사소통을 위한 구조상의 권한, 잘못된 매체의 선택, 폐쇄적인 의사소통 분위기 등

(2) 의사소통능력

① 개념 : 의사소통능력은 직장생활에서 문서나 상대방이 하는 말의 의미를 파악하는 능력, 자신의 의사를 정확하게 표현하는 능력, 간단한 외국어 자료를 읽거나 외국인의 의사표시를 이해하는 능력을 포함한다.

② 의사소통능력 개발을 위한 방법
   ㉠ 사후검토와 피드백을 활용한다.
   ㉡ 명확한 의미를 가진 이해하기 쉬운 단어를 선택하여 이해도를 높인다.
   ㉢ 적극적으로 경청한다.
   ㉣ 메시지를 감정적으로 곡해하지 않는다.

2 의사소통능력을 구성하는 하위능력

(1) 문서이해능력

① 문서와 문서이해능력

　㉠ 문서 : 제안서, 보고서, 기획서, 이메일, 팩스 등 문자로 구성된 것으로 상대방에게 의사를 전달하여 설득하는 것을 목적으로 한다.

　㉡ 문서이해능력 : 직업현장에서 자신의 업무와 관련된 문서를 읽고, 내용을 이해하고 요점을 파악할 수 있는 능력을 말한다.

예제 1

다음은 신용카드 약관의 주요내용이다. 규정 약관을 제대로 이해하지 못한 사람은?

> [부가서비스]
> 카드사는 법령에서 정한 경우를 제외하고 상품을 새로 출시한 후 1년 이내에 부가서비스를 줄이거나 없앨 수가 없다. 또한 부가서비스를 줄이거나 없앨 경우에는 그 세부내용을 변경일 6개월 이전에 회원에게 알려주어야 한다.
>
> [중도 해지 시 연회비 반환]
> 연회비 부과기간이 끝나기 이전에 카드를 중도해지하는 경우 남은 기간에 해당하는 연회비를 계산하여 10 영업일 이내에 돌려줘야 한다. 다만, 카드 발급 및 부가서비스 제공에 이미 지출된 비용은 제외된다.
>
> [카드 이용한도]
> 카드 이용한도는 카드 발급을 신청할 때에 회원이 신청한 금액과 카드사의 심사 기준을 종합적으로 반영하여 회원이 신청한 금액 범위 이내에서 책정되며 회원의 신용도가 변동되었을 때에는 카드사는 회원의 이용한도를 조정할 수 있다.
>
> [부정사용 책임]
> 카드 위조 및 변조로 인하여 발생된 부정사용 금액에 대해서는 카드사가 책임을 진다. 다만, 회원이 비밀번호를 다른 사람에게 알려주거나 카드를 다른 사람에게 빌려주는 등의 중대한 과실로 인해 부정사용이 발생하는 경우에는 회원이 그 책임의 전부 또는 일부를 부담할 수 있다.

① 혜수 : 카드사는 법령에서 정한 경우를 제외하고는 1년 이내에 부가서비스를 줄일 수 없어

② 진성 : 카드 위조 및 변조로 인하여 발생된 부정사용 금액은 일괄 카드사가 책임을 지게 돼

③ 영훈 : 회원의 신용도가 변경되었을 때 카드사가 이용한도를 조정할 수 있어

④ 영호 : 연회비 부과기간이 끝나기 이전에 카드를 중도해지하는 경우에는 남은 기간에 해당하는 연회비를 카드사는 돌려줘야 해

② 문서의 종류

　㉠ 공문서 : 정부기관에서 공무를 집행하기 위해 작성하는 문서로, 단체 또는 일반회사에서 정부기관을 상대로 사업을 진행할 때 작성하는 문서도 포함된다. 엄격한 규격과 양식이 특징이다.

　㉡ 기획서 : 아이디어를 바탕으로 기획한 프로젝트에 대해 상대방에게 전달하여 시행하도록 설득하는 문서이다.

　㉢ 기안서 : 업무에 대한 협조를 구하거나 의견을 전달할 때 작성하는 사내 공문서이다.

　㉣ 보고서 : 특정한 업무에 관한 현황이나 진행 상황, 연구·검토 결과 등을 보고하고자 할 때 작성하는 문서이다.

　㉤ 설명서 : 상품의 특성이나 작동 방법 등을 소비자에게 설명하기 위해 작성하는 문서이다.

　㉥ 보도자료 : 정부기관이나 기업체 등이 언론을 상대로 자신들의 정보를 기사화 되도록 하기 위해 보내는 자료이다.

　㉦ 자기소개서 : 개인이 자신의 성장과정이나, 입사 동기, 포부 등에 대해 구체적으로 기술하여 자신을 소개하는 문서이다.

　㉧ 비즈니스 레터(E-mail) : 사업상의 이유로 고객에게 보내는 편지다.

　㉨ 비즈니스 메모 : 업무상 확인해야 할 일을 메모형식으로 작성하여 전달하는 글이다.

③ 문서이해의 절차 : 문서의 목적 이해→문서 작성 배경·주제 파악→정보 확인 및 현안문제 파악→문서 작성자의 의도 파악 및 자신에게 요구되는 행동 분석→목적 달성을 위해 취해야 할 행동 고려→문서 작성자의 의도를 도표나 그림 등으로 요약·정리

(2) 문서작성능력

① 작성되는 문서에는 대상과 목적, 시기, 기대효과 등이 포함되어야 한다.

② 문서작성의 구성요소

　㉠ 짜임새 있는 골격, 이해하기 쉬운 구조

　㉡ 객관적이고 논리적인 내용

　㉢ 명료하고 설득력 있는 문장

　㉣ 세련되고 인상적인 레이아웃

예제 2

다음은 들은 내용을 구조적으로 정리하는 방법이다. 순서에 맞게 배열하면?

⊙ 관련 있는 내용끼리 묶는다.
ⓒ 묶은 내용에 적절한 이름을 붙인다.
ⓒ 전체 내용을 이해하기 쉽게 구조화한다.
ⓔ 중복된 내용이나 덜 중요한 내용을 삭제한다.

---

① ⊙ⓒⓒⓔ
② ⊙ⓒⓔⓒ
③ ⓒ⊙ⓒⓔ
④ ⓒ⊙ⓔⓒ

③ 문서의 종류에 따른 작성방법

　⊙ 공문서

　　• 육하원칙이 드러나도록 써야 한다.

　　• 날짜는 반드시 연도와 월, 일을 함께 언급하며, 날짜 다음에 괄호를 사용할 때는 마침표를 찍지 않는다.

　　• 대외문서이며, 장기간 보관되기 때문에 정확하게 기술해야 한다.

　　• 내용이 복잡할 경우 '−다음−', '−아래−'와 같은 항목을 만들어 구분한다.

　　• 한 장에 담아내는 것을 원칙으로 하며, 마지막엔 반드시 '끝'자로 마무리 한다.

　ⓒ 설명서

　　• 정확하고 간결하게 작성한다.

　　• 이해하기 어려운 전문용어의 사용은 삼가고, 복잡한 내용은 도표화 한다.

　　• 명령문보다는 평서문을 사용하고, 동어 반복보다는 다양한 표현을 구사하는 것이 바람직하다.

　ⓒ 기획서

　　• 상대를 설득하여 기획서가 채택되는 것이 목적이므로 상대가 요구하는 것이 무엇인지 고려하여 작성하며, 기획의 핵심을 잘 전달하였는지 확인한다.

　　• 분량이 많을 경우 전체 내용을 한눈에 파악할 수 있도록 목차구성을 신중히 한다.

　　• 효과적인 내용 전달을 위한 표나 그래프를 적절히 활용하고 산뜻한 느낌을 줄 수 있도록 한다.

　　• 인용한 자료의 출처 및 내용이 정확해야 하며 제출 전 충분히 검토한다.

ⓔ 보고서

　• 도출하고자 한 핵심내용을 구체적이고 간결하게 작성한다.

　• 내용이 복잡할 경우 도표나 그림을 활용하고, 참고자료는 정확하게 제시한다.

　• 제출하기 전에 최종점검을 하며 질의를 받을 것에 대비한다.

예제 3

다음 중 공문서 작성에 대한 설명으로 가장 적절하지 못한 것은?

① 공문서나 유가증권 등에 금액을 표시할 때에는 한글로 기재하고 그 옆에 괄호를 넣어 숫자로 표기한다.

② 날짜는 숫자로 표기하되 년, 월, 일의 글자는 생략하고 그 자리에 온점(.)을 찍어 표시한다.

③ 첨부물이 있는 경우에는 붙임 표시문 끝에 1자 띄우고 "끝."이라고 표시한다.

④ 공문서의 본문이 끝났을 경우에는 1자를 띄우고 "끝."이라고 표시한다.

출제의도

업무를 할 때 필요한 공문서 작성법을 잘 알고 있는지를 측정하는 문항이다.

해 설

공문서 금액 표시

① 아라비아 숫자로 쓰고, 숫자 다음에 괄호를 하여 한글로 기재한다.

예) 123,456원의 표시 : 금 123,456(금일십이만삼천사백오십육원)

② 날짜는 반드시 연도와 월, 일을 함께 언급하며 날짜 다음에 괄호를 사용할 때는 마침표를 찍지 않는다.

답 ①,②

---

④ 문서작성의 원칙

　㉠ 문장은 짧고 간결하게 작성한다. → 간결체 사용

　㉡ 상대방이 이해하기 쉽게 쓴다.

　㉢ 불필요한 한자의 사용을 자제한다.

　㉣ 문장은 긍정문의 형식을 사용한다.

　㉤ 간단한 표제를 붙인다.

　㉥ 문서의 핵심내용을 먼저 쓰도록 한다. → 두괄식 구성

⑤ 문서작성 시 주의사항

　㉠ 육하원칙에 의해 작성한다.

　㉡ 문서 작성시기가 중요하다.

　㉢ 한 사안은 한 장의 용지에 작성한다.

　㉣ 반드시 필요한 자료만 첨부한다.

　㉤ 금액, 수량, 일자 등은 기재에 정확성을 기한다.

　㉥ 경어나 단어사용 등 표현에 신경 쓴다.

　㉦ 문서작성 후 반드시 최종적으로 검토한다.

⑥ 효과적인 문서작성 요령

    ㉠ 내용이해 : 전달하고자 하는 내용과 핵심을 정확하게 이해해야 한다.

    ㉡ 목표설정 : 전달하고자 하는 목표를 분명하게 설정한다.

    ㉢ 구성 : 내용 전달 및 설득에 효과적인 구성과 형식을 고려한다.

    ㉣ 자료수집 : 목표를 뒷받침할 자료를 수집한다.

    ㉤ 핵심전달 : 단락별 핵심을 하위목차로 요약한다.

    ㉥ 대상파악 : 대상에 대한 이해와 분석을 통해 철저히 파악한다.

    ㉦ 보충설명 : 예상되는 질문을 정리하여 구체적인 답변을 준비한다.

    ㉧ 문서표현의 시각화 : 그래프, 그림, 사진 등을 적절히 사용하여 이해를 돕는다.

(3) 경청능력

① 경청의 중요성 : 경청은 다른 사람의 말을 주의 깊게 들으며 공감하는 능력으로 경청을 통해 상대방을 한 개인으로 존중하고 성실한 마음으로 대하게 되며, 상대방의 입장에 공감하고 이해하게 된다.

② 경청을 방해하는 습관 : 짐작하기, 대답할 말 준비하기, 걸러내기, 판단하기, 다른 생각하기, 조언하기, 언쟁하기, 옳아야만 하기, 슬쩍 넘어가기, 비위 맞추기 등

③ 효과적인 경청방법

    ㉠ 준비하기 : 강연이나 프레젠테이션 이전에 나누어주는 자료를 읽어 미리 주제를 파악하고 등장하는 용어를 익혀둔다.

    ㉡ 주의 집중 : 말하는 사람의 모든 것에 집중해서 적극적으로 듣는다.

    ㉢ 예측하기 : 다음에 무엇을 말할 것인가를 추측하려고 노력한다.

    ㉣ 나와 관련짓기 : 상대방이 전달하고자 하는 메시지를 나의 경험과 관련지어 생각해 본다.

    ㉤ 질문하기 : 질문은 듣는 행위를 적극적으로 하게 만들고 집중력을 높인다.

    ㉥ 요약하기 : 주기적으로 상대방이 전달하려는 내용을 요약한다.

    ㉦ 반응하기 : 피드백을 통해 의사소통을 점검한다.

다음은 면접스터디 중 일어난 대화이다. 민아의 고민을 해소하기 위한 조언으로 가장 적절한 것은?

> 지섭 : 민아씨, 어디 아파요? 표정이 안 좋아 보여요.
> 민아 : 제가 원서 넣은 공단이 내일 면접이어서요. 그동안 스터디를 통해서 면접 연습을 많이 했는데도 벌써부터 긴장이 되네요.
> 지섭 : 민아씨는 자기 의견도 명확히 피력할 줄 알고 조리 있게 설명을 잘 하시니 걱정 안하셔도 될 것 같아요. 아, 손에 꽉 쥐고 계신 건 뭔가요?
> 민아 : 아, 제가 예상 답변을 정리해서 모아둔거에요. 내용은 거의 외웠는데 이렇게 쥐고 있지 않으면 불안해서.
> 지섭 : 그 정도로 준비를 철저히 하셨으면 걱정할 이유 없을 것 같아요.
> 민아 : 그래도 압박면접이거나 예상치 못한 질문이 들어오면 어떻게 하죠?
> 지섭 : _____

① 시선을 적절히 처리하면서 부드러운 어투로 말하는 연습을 해보는 건 어때요?
② 공식적인 자리인 만큼 옷차림을 신경 쓰는 게 좋을 것 같아요.
③ 당황하지 말고 질문자의 의도를 잘 파악해서 침착하게 대답하면 되지 않을까요?
④ 예상 질문에 대한 답변을 좀 더 정확하게 외워보는 건 어떨까요?

상대방이 하는 말을 듣고 질문 의도에 따라 올바르게 답하는 능력을 측정하는 문항이다.

민아는 압박질문이나 예상치 못한 질문에 대해 걱정을 하고 있으므로 침착하게 대응하라고 조언을 해주는 것이 좋다.

답 ③

(4) 의사표현능력

① 의사표현의 개념과 종류

　㉠ 개념 : 화자가 자신의 생각과 감정을 청자에게 음성언어나 신체언어로 표현하는 행위이다.

　㉡ 종류
　　• 공식적 말하기 : 사전에 준비된 내용을 대중을 대상으로 말하는 것으로 연설, 토의, 토론 등이 있다.
　　• 의례적 말하기 : 사회·문화적 행사에서와 같이 절차에 따라 하는 말하기로 식사, 주례, 회의 등이 있다.
　　• 친교적 말하기 : 친근한 사람들 사이에서 자연스럽게 주고받는 대화 등을 말한다.

② 의사표현의 방해요인

　㉠ 연단공포증 : 연단에 섰을 때 가슴이 두근거리거나 땀이 나고 얼굴이 달아오르는 등의 현상으로 충분한 분석과 준비, 더 많은 말하기 기회 등을 통해 극복할 수 있다.

　㉡ 말 : 말의 장단, 고저, 발음, 속도, 쉼 등을 포함한다.

　㉢ 음성 : 목소리와 관련된 것으로 음색, 고저, 명료도, 완급 등을 의미한다.

ⓔ 몸짓 : 비언어적 요소로 화자의 외모, 표정, 동작 등이다.

ⓜ 유머 : 말하기 상황에 따른 적절한 유머를 구사할 수 있어야 한다.

③ 상황과 대상에 따른 의사표현법

　　㉠ 잘못을 지적할 때 : 모호한 표현을 삼가고 확실하게 지적하며, 당장 꾸짖고 있는 내용에만 한정한다.

　　㉡ 칭찬할 때 : 자칫 아부로 여겨질 수 있으므로 센스 있는 칭찬이 필요하다.

　　㉢ 부탁할 때 : 먼저 상대방의 사정을 듣고 응하기 쉽게 구체적으로 부탁하며 거절을 당해도 싫은 내색을 하지 않는다.

　　㉣ 요구를 거절할 때 : 먼저 사과하고 응해줄 수 없는 이유를 설명한다.

　　㉤ 명령할 때 : 강압적인 말투보다는 '○○을 이렇게 해주는 것이 어떻겠습니까?'와 같은 식으로 부드럽게 표현하는 것이 효과적이다.

　　㉥ 설득할 때 : 일방적으로 강요하기보다는 먼저 양보해서 이익을 공유하겠다는 의지를 보여주는 것이 좋다.

　　㉦ 충고할 때 : 충고는 가장 최후의 방법이다. 반드시 충고가 필요한 상황이라면 예화를 들어 비유적으로 깨우쳐주는 것이 바람직하다.

　　㉧ 질책할 때 : 샌드위치 화법(칭찬의 말 + 질책의 말 + 격려의 말)을 사용하여 청자의 반발을 최소화한다.

예제 5

당신은 팀장님께 업무 지시내용을 수행하고 결과물을 보고드렸다. 하지만 팀장님께서는 "최대리 업무를 이렇게 처리하면 어떡하나? 누락된 부분이 있지 않은가."라고 말하였다. 이에 대해 당신이 행할 수 있는 가장 부적절한 대처 자세는?

① "죄송합니다. 제가 잘 모르는 부분이라 이수혁 과장님께 부탁을 했는데 과장님께서 실수를 하신 것 같습니다."

② "주의를 기울이지 못해 죄송합니다. 어느 부분을 수정보완하면 될까요?"

③ "지시하신 내용을 제가 충분히 이해하지 못하였습니다. 내용을 다시 한 번 여쭤보아도 되겠습니까?"

④ "부족한 내용을 보완하는 자료를 취합하기 위해서 하루정도가 더 소요될 것 같습니다. 언제까지 재작성하여 드리면 될까요?"

출제의도

상사가 잘못을 지적하는 상황에서 어떻게 대처해야 하는지를 묻는 문항이다.

해　설

상사가 부탁한 지시사항을 다른 사람에게 부탁하는 것은 옳지 못하며 설사 그렇다고 해도 그 일의 과오에 대해 책임을 전가하는 것은 지양해야 할 자세이다.

답 ①

---

④ 원활한 의사표현을 위한 지침

　　㉠ 올바른 화법을 위해 독서를 하라.

　　㉡ 좋은 청중이 되라.

　　㉢ 칭찬을 아끼지 마라.

 ② 공감하고, 긍정적으로 보이게 하라.

 ⑩ 겸손은 최고의 미덕임을 잊지 마라.

 ⑭ 과감하게 공개하라.

 ⑭ 뒷말을 숨기지 마라.

 ⑥ 첫마디 말을 준비하라.

 ② 이성과 감성의 조화를 꾀하라.

 ⑪ 대화의 룰을 지켜라.

 ⑤ 문장을 완전하게 말하라.

⑤ 설득력 있는 의사표현을 위한 지침

 ⑤ 'Yes'를 유도하여 미리 설득 분위기를 조성하라.

 ⓛ 대비 효과로 분발심을 불러 일으켜라.

 ⓒ 침묵을 지키는 사람의 참여도를 높여라.

 ⓐ 여운을 남기는 말로 상대방의 감정을 누그러뜨려라.

 ⑩ 하던 말을 갑자기 멈춤으로써 상대방의 주의를 끌어라.

 ⓗ 호칭을 바꿔서 심리적 간격을 좁혀라.

 ⓢ 끄집어 말하여 자존심을 건드려라.

 ⓞ 정보전달 공식을 이용하여 설득하라.

 ② 상대방의 불평이 가져올 결과를 강조하라.

 ⑪ 권위 있는 사람의 말이나 작품을 인용하라.

 ⑤ 약점을 보여 주어 심리적 거리를 좁혀라.

 ⓔ 이상과 현실의 구체적 차이를 확인시켜라.

 ⓟ 자신의 잘못도 솔직하게 인정하라.

 ⓗ 집단의 요구를 거절하려면 개개인의 의견을 물어라.

 ⓐ 동조 심리를 이용하여 설득하라.

 ⓑ 지금까지의 노고를 치하한 뒤 새로운 요구를 하라.

 ⓒ 담당자가 대변자 역할을 하도록 하여 윗사람을 설득하게 하라.

 ⓓ 겉치레 양보로 기선을 제압하라.

 ⓔ 변명의 여지를 만들어 주고 설득하라.

 ⓕ 혼자 말하는 척하면서 상대의 잘못을 지적하라.

(5) 기초외국어능력

① 기초외국어능력의 개념과 필요성

    ㉠ 개념 : 기초외국어능력은 외국어로 된 간단한 자료를 이해하거나, 외국인과의 전화응대와 간단한 대화 등 외국인의 의사표현을 이해하고, 자신의 의사를 기초외국어로 표현할 수 있는 능력이다.

    ㉡ 필요성 : 국제화·세계화 시대에 다른 나라와의 무역을 위해 우리의 언어가 아닌 국제적인 통용어를 사용하거나 그들의 언어로 의사소통을 해야 하는 경우가 생길 수 있다.

② 외국인과의 의사소통에서 피해야 할 행동

    ㉠ 상대를 볼 때 흘겨보거나, 노려보거나, 아예 보지 않는 행동

    ㉡ 팔이나 다리를 꼬는 행동

    ㉢ 표정이 없는 것

    ㉣ 다리를 흔들거나 펜을 돌리는 행동

    ㉤ 맞장구를 치지 않거나 고개를 끄덕이지 않는 행동

    ㉥ 생각 없이 메모하는 행동

    ㉦ 자료만 들여다보는 행동

    ㉧ 바르지 못한 자세로 앉는 행동

    ㉨ 한숨, 하품, 신음소리를 내는 행동

    ㉩ 다른 일을 하며 듣는 행동

    ㉪ 상대방에게 이름이나 호칭을 어떻게 부를지 묻지 않고 마음대로 부르는 행동

③ 기초외국어능력 향상을 위한 공부법

    ㉠ 외국어공부의 목적부터 정하라.

    ㉡ 매일 30분씩 눈과 손과 입에 밸 정도로 반복하라.

    ㉢ 실수를 두려워하지 말고 기회가 있을 때마다 외국어로 말하라.

    ㉣ 외국어 잡지나 원서와 친해져라.

    ㉤ 소홀해지지 않도록 라이벌을 정하고 공부하라.

    ㉥ 업무와 관련된 주요 용어의 외국어는 꼭 알아두자.

    ㉦ 출퇴근 시간에 외국어 방송을 보거나, 듣는 것만으로도 귀가 트인다.

    ㉧ 어린이가 단어를 배우듯 외국어 단어를 암기할 때 그림카드를 사용해 보라.

    ㉨ 가능하면 외국인 친구를 사귀고 대화를 자주 나눠 보라.

출제예상문제

1 다음은 ㈜한국에너지에 근무하는 甲이 작성한 에너지 사용량에 대한 보고서의 일부이다. 주어진 내용을 참고할 때, 이 보고서에 포함된 내용이라고 보기 어려운 것은 무엇인가?

> 에너지의 사용량을 결정하는 매우 중요한 핵심인자는 함께 거주하는 가구원의 수이다. 다음의 표에서 가구원수가 많아질수록 연료비 지출액 역시 함께 증가하는 것을 확인할 수 있다.
>
> □ 가구원수에 따른 연료비
>
> | 가구원수 | 비율 | 가구소득(천 원, %) | 연료비(원, %) | 연료비 비율 |
> |---|---|---|---|---|
> | 1명 | 17.0% | 1,466,381(100.0) | 59,360(100.0) | 8.18% |
> | 2명 | 26.8% | 2,645,290(180.4) | 96,433(162.5) | 6.67% |
> | 3명 | 23.4% | 3,877,247(264.4) | 117,963(198.7) | 4.36% |
> | 4명 | 25.3% | 4,470,861(304.9) | 129,287(217.8) | 3.73% |
> | 5명 이상 | 7.5% | 4,677,671(319.0) | 148,456(250.1) | 4.01% |
>
> 하지만 가구원수와 연료비는 비례하여 증가하는 것은 아니며, 특히 1인 가구의 지출액은 3인이나 4인 가구의 절반 수준, 2인 가구와 비교하여서도 61.5% 수준에 그친다. 연료비 지출액이 1인 가구에서 상대적으로 큰 폭으로 떨어지는 이유는 1인 가구의 가구유형에서 찾을 수 있다. 1인 가구의 40.8%가 노인가구이며, 노인가구의 낮은 소득수준이 연료비 지출을 더욱 압박하는 효과를 가져왔을 것이다. 하지만 1인 가구의 연료비 감소폭에 비해 가구소득의 감소폭이 훨씬 크며, 그 결과 1인 가구의 연료비 비율 역시 3인 이상인 가구들에 비해 두 배 가까이 높게 나타난다. 한편, 2인 가구 역시 노인가구의 비율이 21.7%로, 3인 이상 가구 6.8%에 비해 3배 이상 높게 나타난다.

① 가구 소득분위별 연료비 지출 현황
② 가구의 유형별 연료비 지출 현황
③ 가구주 연령대별 연료비 지출 내역
④ 과거 일정 기간 동안의 연료비 증감 내역

> ✔해설 제시된 보고서에서 甲은 1인 가구의 대다수는 노인가구가 차지하고 있으며 노인가구는 소득수준이 낮은데 반해 연료비 비율이 높다는 점을 지적하고 있다. 따라서 보기 ①~③의 내용은 甲의 언급 내용과 직접적인 연관성이 있는 근거 자료가 될 수 있으나, 과거 일정 기간 동안의 연료비 증감 내역은 반드시 근거로써 제시되어야 하는 정보라고 할 수 없다.

2 다음은 포괄수가제도 도입과 그 현황에 대한 보건복지부의 자료이다. 이 자료를 바탕으로 진행된 회의에서 〈보기〉와 같은 발언들이 있었다고 할 때, 잘못된 발언으로 지적을 받았을 사람은 누구인가?

현행 건강보험수가제도는 행위별 수가제를 근간으로 하며, 동 제도는 의료기관의 진찰, 검사, 처치 등 각각의 진료 행위들을 일일이 계산하여 사후적으로 비용을 지불하는 방식이다. 이러한 행위별 수가제는 급격한 진료량 증가와 이에 따른 의료비용 상승 가속화의 요인이 되고 있으며, 그 밖에도 의료서비스 공급 형태의 왜곡, 수가 관리의 어려움, 의료기관의 경영 효율화 유인장치 미비 등 많은 문제점들이 파생되었다.

이에 보건복지부는 행위별 수가제의 문제점을 개선하고 다양한 수가지불제도를 운영하기 위한 방안으로 질병군별 포괄수가제도의 도입을 추진하게 되었다. 이를 위해 1995년 1월에 질병군별 (DRG)지불제도 도입 검토협의회를 구성하고, 일부 질병군을 대상으로 희망의료기관에 한하여 1997년부터 질병군별 포괄수가제도 시범사업을 시작하여 2001년까지 제3차 시범사업을 실시하였다.

동 시범사업 실시 및 평가를 통하여 2002년부터 8개 질병군에 대하여 요양기관에서 선택적으로 참여하는 방식으로 본 사업을 실시하였고, 2003년 9월 이후에는 정상 분만을 제외하여 7개 질병군(수정체수술, 편도선수술, 항문수술, 탈장수술, 맹장수술, 자궁수술, 제왕절개 수술)을 선택 적용하였으며, 2012년 7월 병·의원급에 당연적용 및 2013년 7월 종합병원급 이상 모든 의료기관을 대상으로 확대 적용하였다.

한편, 7개 질병군 포괄수가제도가 비교적 단순한 수술에 적합한 모형으로 개발되어 중증질환 등 복잡한 수술을 포함하는 전체 질병군으로 확대하기 어렵다는 한계가 있다. 이를 극복하기 위해 2009년 4월부터 국민건강보험공단 일산병원에 입원한 환자를 대상으로 신포괄수가 시범 사업을 실시하여 2011년 7월부터는 지역거점 공공병원으로 시범사업을 확대 실시하고, 2016년 말 기준으로 41개 병원, 559개 질병군을 대상으로 시범사업을 실시하고 있다.

〈보기〉
• 甲 : 포괄수가제는 단순히 부도덕한 의료서비스의 공급만을 개선하기 위한 것은 아닙니다.
• 乙 : 국민건강보험공단은 포괄수가제를 7개 해당 질병군에서 더 확대 적용하기 위한 노력을 하고 있습니다.
• 丙 : 포괄수가제는 이전의 행위별 수가제이던 것을 일부 질병군에 한해 질병군별 수가제로 변경한 제도라고 할 수 있습니다.
• 丁 : 시범사업 기간인 만큼 7개 질병군에 해당되어도 종합병원에서 진료 시에는 포괄수가제 적용 여부를 사전에 확인하여야 합니다.

① 甲   ② 乙
③ 丙   ④ 丁

✔해설 7개 질병군에 대한 포괄수가제는 이미 병·의원급과 종합병원급 이상 모든 의료기관을 대상으로 적용되고 있다. 시범사업 중인 것은 신포괄수가 제도이다.

Answer   1.④ 2.④

3 다음은 ○○은행이 자사 홈페이지에 게시한 입찰 관련 안내문의 일부이다. 다음 입찰 안내문을 보고 알 수 있는 내용으로 적절하지 않은 것은?

가. 용역명 : 「○○은행 을지로 제13지구 도시환경정비사업 건축설계 및 인허가」 용역

나. 용역목적
   (1) 건축물 노후화에 따른 업무 환경개선과 시설 기능 개선 및 향상을 도모하고 미래 환경에 대한 최적의 지원 환경 구축과 효율적인 보유 자산 활용을 위해 을지로 제13지구 기존 건축물을 재건축하고자 함.
   (2) 을지로 제13지구 도시환경정비사업 건축설계 및 인허가 용역은 건축, 정비계획, 지하철출입구, 관리처분 계획 등을 위한 설계에 대한 축적된 지식과 노하우를 보유한 최적의 설계회사를 선정하는데 목적이 있음.

다. 용역내용

구분		설계개요
발주자		○○은행
토지 등 소유자		○○은행, ㈜○○홀딩스
위치		서울특별시 중구 을지로 xxx
설계 규모	기간	건축물사용승인 완료 후 1개월까지(계약일로부터 약 67개월)
	추정 공사비	약 430억 원(VAT포함) ※ 건축공사비 408억 원, 지하철연결 22억 원(변동가능)
	사업 시행면적	2,169.7㎡(656평) ※ 당행(1,494.2㎡) + ㈜○○홀딩스(191.1㎡) + 기부채납(공원)부지(207.4㎡) + 서쪽 보행자도로 조성(271.9㎡) + 도로 xxx번지 일부 5.1㎡ 편입
	대지면적	1,685.3㎡(509.8평) ※ 당행(1,494.2㎡ : 452평), ㈜○○홀딩스(191.1㎡ : 57.8평)
	연면적	21,165㎡(6,402평) 내외
	건물규모	지하 5층, 지상 18층 내외
	주요시설	업무시설 및 부대시설
	설계내용	**설계** 건축 계획·기본·실시설계, 지하철출입구·공공보행통로 설계 등 정비사업 시행에 필요한 설계 **인허가** 건축허가, 정비계획 변경, 도시계획시설(철도) 변경, 실시계획인가, 사업시행인가, 관리처분계획인가 등 정비사업 시행에 필요한 인허가 **기타** 서울교통공사 업무협약, 사후설계 관리업무, 설계 및 인허가를 위한 발주자 또는 인허가청 요청업무 등

① 건축 및 사업 시행에 필요한 인가, 허가 사항은 모두 낙찰업체의 이행 과제이다.

② 지상, 지하 총 23층 내외의 건축물 설계에 관한 입찰이며, 업무시설 이외의 시설도 포함된다.

③ 응찰 업체는 추정가격 430억 원을 기준으로 가장 근접한 합리적인 가격을 제시하여야 한다.

④ 입찰의 가장 근본적인 목적은 해당 건축물의 노후화에 있다.

> **✔해설** 주어진 입찰 건은 건축물 시공에 대한 입찰이 아니라 설계 및 인허가에 관한 용역 입찰이다. 따라서 추정 공사비는 설계를 위한 참고 사항으로 제시한 것으로 볼 수 있으며 설계 및 인허가 용역 응찰 업체가 공사비인 430억 원에 근접한 가격을 제시할 필요는 없다.
>
> ① 입찰의 설계내용에 제반 인허가 사항이 포함되어 있으므로 낙찰업체의 이행 과제라고 볼 수 있다.
>
> ② 건물규모가 지하 5층, 지상 18층 내외이며 주요시설로 업무시설 및 부대시설이 있음을 명시하고 있다.
>
> ④ '나'의 (1)에서 건축물의 노후화에 따른 재건축임을 명시하고 있다.

┃4~5┃ 다음 내용을 읽고 물음에 답하시오.

> 공급업체 : 과장님, 이번 달 인쇄용지 주문량이 급격히 ㉠감소하여 이렇게 방문하였습니다. 혹시 저희 물품에 어떠한 문제가 있는 건가요?
>
> 총무과장 : 지난 10년간 ㉡납품해 주고 계신 것에 저희는 정말 만족하고 있습니다. 하지만 요즘 경기가 안 좋아서 비용절감차원에서 주문량을 줄이게 되었습니다.
>
> 공급업체 : 아, 그렇군요. 얼마 전 다른 업체에서도 ㉢견적 받으신 것을 우연히 알게 되어서요, 괜찮으시다면 어떠한 점 때문에 견적을 받아보신지 알 수 있을까요? 저희도 참고하려 하니 말씀해주시면 감사하겠습니다.
>
> 총무과장 : 아, 그러셨군요. 사실 내부 회의 결과, 인쇄용지의 지출이 너무 높다는 지적이 나왔습니다. 품질은 우수하지만 가격적인 면 때문에 그러한 ㉣결정을 하게 되었습니다.

4 다음 대화 중 밑줄 친 단어가 한자로 바르게 표기된 것을 고르면?

① ㉠ – 減小(감소) 　　　　② ㉡ – 納稟(납품)

③ ㉢ – 見積(견적) 　　　　④ ㉣ – 結晶(결정)

> **✔해설** ① 減少(감소) : 양이나 수치가 줆
>
> ② 納品(납품) : 계약한 곳에 주문받은 물품을 가져다 줌
>
> ④ 決定(결정) : 행동이나 태도를 분명하게 정함

Answer 3.③ 4.③

5 다음 중 거래처 관리를 위한 총무과장의 업무방식으로 가장 바람직한 것은?

① 같은 시장에 신규 유입 기업은 많으므로 가격 및 서비스 비교를 통해 적절한 업체로 자주 변경하는 것이 바람직하다.

② 사내 임원이나 지인의 추천으로 거래처를 소개받았을 경우에는 기존의 거래처에서 변경하는 것이 바람직하다.

③ 믿음과 신뢰를 바탕으로 한번 선정된 업체는 변경하지 않고 동일조건 하에 계속 거래를 유지하는 것이 바람직하다.

④ 오랫동안 거래했던 업체라 하더라도 가끔 상호관계와 서비스에 대해 교차점검을 하는 것이 바람직하다.

✔해설 ① 잦은 업체 변경은 오히려 신뢰관계를 무너뜨릴 수 있으니 장기거래와 신규거래의 이점을 비교 분석해서 유리하게 활용하는 것이 필요하다.
② 단순한 주위의 추천보다는 서비스와 가격, 품질을 적절히 비교해서 업체를 선정해야 한다.
③ 한번 선정된 업체라 하더라도 지속적으로 교차점검하여 거래의 유리한 조건으로 활용해야 한다.

6 다음 안내사항을 바르게 이해한 것은?

20xx년 5월 1일부터 변경되는 "건강보험 임신·출산 진료비 지원제도"를 다음과 같이 알려드립니다.

건강보험 임신·출산 진료비 지원제도란 임신 및 출산에 관련한 진료비를 지불할 수 있는 이용권(국민행복카드)을 제공하여 출산 친화적 환경을 조성하기 위해 건강보험공단에서 지원하는 제도입니다.

• 지원금액 : 임신 1회당 50만원(다태아 임신부 70만원)
• 지원방법 : 지정요양기관에서 이용권 제시 후 결제
• 지원기간 : 이용권 수령일 ～ 분만예정일＋60일
가. 시행일 : 20xx.5.1.
나. 주요내용
  (1) 'xx.5.1. 신청자부터 건강보험 임신·출산 진료비가 국민행복카드로 지원
  (2) 건강보험 임신·출산 진료비 지원 신청 장소 변경
  (3) 지원금 승인코드 일원화(의료기관, 한방기관 : 38코드)
  (4) 관련 서식 변경
    – 변경서식 : 건강보험 임신·출산 진료비 지원 신청 및 확인서(별지 2호 서식)
    – 변경내용 : 카드구분 폐지

---

① 건강보험 임신·출산 진료비 지원제도는 연금공단에서 지원하는 제도이다.
② 임신지원금은 모두 동일하게 일괄 50만원이 지급된다.
③ 지원금 승인코드는 의·한방기관 모두 '38'코드로 일원화된다.
④ 지원기간은 이용권 수령일로부터 분만예정일까지이며 신청자에 한해서 기간이 연장된다.

✔해설 ① 건강보험공단에서 지원하는 제도이다.
② 임신지원금은 임신 1회당 50만원이나 다태아 임신 시에는 70만원이 지급된다.
④ 지원기간은 신청에 관계없이 이용권 수령일로부터 분만예정일＋60일까지이다.

▌7~8 ▌ 다음은 국내 고속철도인 SRT의 여객운송약관의 일부를 발췌한 것이다. 내용을 읽고 아래의 물음에 답하시오.

제1장 총칙

제2조(정의) 이 약관에서 사용하는 용어의 정의는 다음과 같습니다.

2. "승차권"은 회사와 여객 간 운송계약 체결에 관한 증표를 말합니다. 발행방법 및 형태 등에 따라 다음과 같이 구분하며 스마트폰승차권, 자가 인쇄승차권은 "자가 발권승차권"이라 합니다.

3. "입장권"은 승강장(타는곳)까지 출입하는 고객에게 회사가 발행하는 증표를 말합니다.

4. "역"은 여객을 운송하기 위한 설비를 갖추고 열차가 정차하는 장소를 말합니다. 회사에서 운영하는 전용역과 회사가 한국철도공사(이하 "공사"라 합니다)와 승차권판매위탁계약을 체결하고 승차권 취급 업무를 위탁한 공사의 철도역을 포함합니다.

5. "운임구역(또는 유료구역)"은 승차권 또는 입장권을 소지하고 출입하여야 하는 구역으로 운임경계선 안쪽, 열차를 타는 곳, 열차 내부(입장권은 제외)를 말합니다.

6. "여행시작"이라 함은 철도이용자가 여행을 시작하는 역에서 운임구역에 진입한 때를 말합니다.

제6조(운송의 거절 등)

① 회사는 철도이용자가 다음 각 호에 해당하는 경우에는 운송을 거절하거나 다음 정차 역에 하차시킬 수 있습니다.

1. 「철도안전법」 제42조 및 제43조에 규정한 위해물품 및 위험물을 휴대한 경우

2. 「철도안전법」 제47조 및 제48조에 규정하고 있는 열차 내에서의 금지행위, 철도보호 및 질서유지를 위한 금지행위를 한 경우

3. 「철도안전법」 제48조의 2에 규정하고 있는 보안검색에 따르지 않는 경우

4. 「철도안전법」 제49조에 규정한 회사 직원의 직무상 지시에 따르지 않는 경우

5. 「철도사업법」 제10조에 정한 부가운임의 지급을 거부하는 경우

6. 「감염병의 예방 및 관리에 관한 법률」 또는 정부에서 지정한 타인에게 전염의 우려가 있는 감염병에 감염된 환자 및 의심환자(격리자 포함)인 경우

7. 질병 등으로 혼자 여행하기 어려운 고객이 보호자 또는 의료진과 함께 여행하지 않는 경우

8. 결제한 승차권을 출발시각 5분 전까지 발권 받지 않은 경우

9. 유아가 만 13세 이상의 보호자와 함께 여행하지 않은 경우

제10조(부가운임 등)

① 회사는 철도이용자가 다음 각 호에 해당하는 경우에는 「철도사업법」 제10조에 의하여 승차구간의 기준운임ㆍ요금(승차 역을 확인할 수 없는 경우에는 승차한 열차의 처음 출발역부터 적용)과 그 기준운임의 30배 이내에 해당하는 부가운임을 징수합니다. 단, 부정승차의 원인이 회사의 귀책사유에 해당하는 경우에는 부가운임을 면제합니다.

1. 승차권을 소지하지 않거나 유효하지 않은 승차권을 소지하여 승차하는 경우 : 기준운임의 0.5배

가. 시간촉박으로 승차권을 구입하지 않고 무단 승차하였으나, 승무원에게 신고한 경우

나. 승차권 복사본 및 캡쳐 또는 사진 촬영한 승차권을 소지하고 승차한 경우

다. 사용기한이 도래하지 않은 다른 열차의 승차권을 가지고 승차한 경우

라. 정당한 승차권이 아닌 결제내역 등이 있는 인쇄물을 가지고 승차한 경우

마. 만 4세 이상 어린이가 승차권을 구입하지 않고 승차한 경우

바. 환승승차권을 구입하지 않고 앞 열차 또는 뒤 열차의 승차권만 가지고 환승구간을 이용한 경우

사. 자가 인쇄승차권의 승차하는 사람(승차하는 사람이 없는 경우에는 결제한 사람)으로 표시된 이외의 사람이 이용하는 경우

아. 위의 가목에서 사목 이외의 경우로서, 회사 홈페이지에 게시한 부가운임을 0.5배 받는 사유에 해당하는 경우

2. 할인승차권 등을 대상이 아닌 자가 부정 사용한 경우 : 기준운임의 1.0배

가. 할인승차권 신분증명서 또는 증빙서류를 미소지하거나 제시하지 않는 경우

나. 휠체어석 등 이용자격이 제한된 좌석을 이용자격이 없는 사람이 이용하는 경우

다. 위의 가목에서 나목 이외의 경우로서, 회사 홈페이지에 게시한 부가운임을 1.0배 받는 사유에 해당하는 경우

3. 회사의 승차권 확인을 회피 또는 거부하는 경우 : 기준운임의 2.0배

4. 승차권을 위·변조하여 사용하는 등 사안이 중대하고 부정승차의 의도가 있다고 판단된 경우 : 기준운임의 10.0배

가. 승차권 없이 승차 후 승무원에게 신고하지 않은 상태에서 다음 역의 승차권을 휴대폰 등 모바일 기기를 이용하여 열차 내에서 구입하는 경우

나. 승차구간이 연속되지 않은 2장의 승차권으로 연속 승차한 경우

다. 위의 가목에서 나목 이외의 경우로서, 회사 홈페이지에 게시한 부가운임을 10.0배 받는 사유에 해당하는 경우

5. 부정승차로 재차 적발된 경우 : 기준운임의 10.0배

6. 정기 및 단체승차권에 기재된 사항을 속이고 승차한 경우 : 기준운임의 10.0배

---

7 위 운송약관에서 부가운임에 대한 내용으로 가장 잘못 나타내고 있는 것은?

① 사진 촬영한 승차권을 소지하고 승차한 경우에는 기준운임의 0.5배를 배상하여야 한다.

② 할인승차권 대상이 아닌 사람이 부정 사용하는 경우에는 기준운임의 1.0배를 배상하여야 한다.

③ 승차권 확인을 회피 또는 거부하는 경우에는 기준운임의 2.0배를 배상하여야 한다.

④ 부정승차의 원인이 회사의 귀책사유에 해당하는 경우에도 「철도사업법」제10조에 따라 승차구간의 기준운임 및 요금과 해당 기준운임의 30배 이내에 해당하는 부가운임을 징수한다.

✔해설 제10조(부가운임 등) ①에서 「철도사업법」 제10조에 의하여 승차구간의 기준운임·요금과 그 기준운임의 30배 이내에 해당하는 부가운임을 징수한다고 했지만 부정승차의 원인이 회사의 귀책사유에 해당하는 경우에는 부가운임을 면제한다는 내용으로 규정되어 있음을 알 수 있다.

Answer 7.④

8 위 운송약관에 대한 내용으로 가장 옳지 않은 사항을 고르면?

① "승차권"은 회사와 여객 간 운송계약 체결에 관한 증표를 의미한다.

② "입장권"은 승강장까지 출입하는 고객에게 회사가 발행하는 증표이다.

③ "여행시작"이라 함은 철도이용자가 여행을 시작하는 역에서 운임구역에 진입한 때를 말한다.

④ "운임구역"은 운임경계선 안쪽, 열차를 타는 곳, 열차 외부를 말한다.

✔해설 문제에서 말하고 있는 SRT의 여객운송약관 중 "운임구역"이라 함은 승차권 또는 입장권을 소지하고 출입하여야 하는 구역으로 운임경계선 안쪽, 열차를 타는 곳, 열차 내부를 말한다.

9 가전제품 회사 홍보팀에 근무하는 H는 상사로부터 다음 주에 시작하는 프로모션 관련 자료를 전달받았다. 다음의 자료를 보고 H가 이해한 내용으로 틀린 것은?

제목 : △△전자 12월 프로모션 안내

당 부서에서는 아래와 같이 12월 프로모션을 기획하였으니 업무에 참고하시기 바랍니다.

－아래－

1. 기간 : 20xx년 12월 1일~12월 31일
2. 대상 : 전 구매 고객(구매예약 포함)
3. 내용 : 구매 제품별 혜택 상이

종류	혜택	비고
S-53	최대 10만 원 가격 인하	내년 시행되는 개별소비세 인하
Q-12	최대 20만 원 가격 인하	선(先)적용해 가격 혜택 제공
A-8 (신제품)	50만 원 상당 백화점 상품권 또는 5년 소모품 무상 교체 서비스	2015년 12월 1일 출시
B-01	친환경 프리미엄 농산물 제공	◇◇농협과 업무 협업
P-0	12개월 무이자 할부 혜택	선수금 30% 납부 시

4. 기타 : 전국 매장 방문 상담 시 구매여부와 관계없이 내년도 탁상 캘린더 증정(5,000부 선착순)

별첨1. 제품별 판매 가격표 1부
별첨2. 금년도 월별 프로모션 진행사항 1부
별첨3. 신제품(A-8) 공식 이미지 파일 1부

－끝－

① 이번 행사는 프로모션 기간 내 구매 예약자를 포함한 전 구매 고객을 대상으로 마련되었구나.

② A-8 구매 고객에게는 50만 원 상당의 백화점 상품권 내지는 5년 소모품 무상 교체 이용권을 증정하네.

③ 전국 매장에서는 방문 고객을 대상으로 선착순 5,000부에 한해 탁상 캘린더를 증정하는 이벤트도 진행하는구나.

④ P-0의 구매 고객이 혜택을 명확하게 인지할 수 있게 잔금에 대한 12개월 무이자 할부를 제공해 준다는 것을 강조해야 할 것 같아.

> ✔해설 ② A-8 구매 고객에게는 50만 원 상당 백화점 상품권 또는 5년 소모품 무상 교체 서비스 혜택을 준다. 5년 소모품 무상 교체 이용권을 증정하는 것은 아니다.

10 △△연금 신입사원 A가 작성한 홍보대사 모집 공고문 초안을 검토한 B 팀장은 다음 내용을 보고 몇 가지 누락된 사항이 있음을 지적하였다. 다음 중 B 팀장이 누락된 사항으로 지적한 항목으로 보기 어려운 것은?

제9기 △△연금 대학생 홍보대사 모집

○ 지원자격 : 국내 대학 재학생(휴학생 포함)
 - 타 기업(기관) 홍보대사 지원 불가
 - 2차 면접전형 시 재학증명서 제출 필수
○ 지원방법
 - △△연금 홈페이지(www.nps.co.kr)에서 지원서를 다운로드하여 작성 후 이메일(npcb@nps.co.kr)로 제출
 - 접수마감일(1월 22일) 18:00 도착 분까지 유효
○ 모집 및 활동 일정
 - 지원기간 : 2019년 1월 16일(수)~1월 22일(화)
 - 1차 합격자 발표 : 2019년 2월 1일(금), 오후 3시(15시) 홈페이지 게시
 - 2차 면접전형일정 : 2019년 2월 7일(목)~8일(금) 중, 면접 기간 개별 안내
 - 최종 합격자 발표 : 2019년 2월 11(월), 오후 3시(15시) 홈페이지 게시
 - 발대식(오리엔테이션) : 2019년 2월 20일(수)~21일(목), 1박 2일
 - 활동기간 : 2019년 3월~8월(약 6개월)
 - 정기회의 : 매월 마지막 또는 첫 주 금요일 오후 1시

 ※ 상기 일정은 내부 사정에 따라 변동될 수 있습니다.

① 선발인원　　　　　　　　② 문의처

③ 활동비 지급 내역　　　　④ 활동에 따른 혜택 및 우대사항

> **✔ 해설** 선발인원, 활동내용, 혜택 및 우대사항 등은 인원을 모집하려는 글에 반드시 포함해야 할 사항이며, 문의처를 함께 기재하는 것이 모집 공고문 작성의 일반적인 원칙이다.
> ③ 활동비 지급 내역 등과 같은 세부 사항은 인원 모집에 관련된 직접적인 사항이 아니므로 공고문에 반드시 포함될 필요는 없다.

11 다음은 사내홍보물에 사용하기 위한 인터뷰 내용이다. ⊙~② 에 대한 설명으로 적절하지 않은 것을 고르면?

> 지성준 : 안녕하세요. 저번에 인사드렸던 홍보팀 대리 지성준입니다. 바쁘신 데도 이렇게 인터뷰에 응해주셔서 감사합니다. ⊙이번 호 사내 홍보물 기사에 참고하려고 하는데 혹시 녹음을 해도 괜찮을까요?
>
> 김혜진 : 네, 그렇게 하세요.
>
> 지성준 : 그럼 ⓒ우선 사랑의 도시락 배달이란 무엇이고 어떤 목적을 갖고 있는지 간단히 말씀해주시겠어요?
>
> 김혜진 : 사랑의 도시락 배달은 끼니를 챙겨 드시기 어려운 독거노인분들을 찾아가 사랑의 도시락을 전달하는 일이에요. 이 활동은 공단 이미지를 홍보하는데 기여할 뿐만 아니라 개인적으로는 마음 따뜻해지는 보람을 느끼게 된답니다.
>
> 지성준 : 그렇군요, ⓒ한번 봉사를 할 때에는 하루에 몇 십 가구를 방문하신다고 들었는데요, 어떻게 그렇게 많은 가구들을 다 방문할 수가 있나요?
>
> 김혜진 : 아, 비결이 있다면 역할을 분담한다는 거예요.
>
> 지성준 : 어떻게 역할을 나누나요?
>
> 김혜진 : 도시락을 포장하는 일, 배달하는 일, 말동무 해드리는 일 등을 팀별로 분산해서 맡으니 효율적으로 운영할 수 있어요.
>
> 지성준 : ②(고개를 끄덕이며) 그런 방법이 있었군요. 마지막으로 이런 봉사활동에 관심 있는 사원들에게 한 마디 해주세요.
>
> 김혜진 : 주중 내내 일을 하고 주말에 또 봉사활동을 가려고 하면 몸은 굉장히 피곤합니다. 하지만 거기에서 오는 보람은 잠깐의 휴식과 비교할 수 없으니 꼭 한번 참석해보시라고 말씀드리고 싶네요.
>
> 지성준 : 네, 그렇군요. 오늘 귀중한 시간을 내어 주셔서 감사합니다.

① ⊙ : 기록을 위한 보조기구를 사용하기 위해서 사전에 허락을 구하고 있다.

② ⓒ : 면담의 목적을 분명히 밝히면서 동의를 구하고 있다.

③ ⓒ : 미리 알고 있던 정보를 바탕으로 질문을 하고 있다.

④ ② : 적절한 비언어적 표현을 사용하며 상대방의 말에 반응하고 있다.

> ✔ **해설** 지성준은 사랑의 도시락 배달에 대한 정보를 얻기 위해 김혜진과 면담을 하고 있다. 그러므로 ⓒ은 면담의 목적에 대한 동의를 구하는 질문이 아니라 알고 싶은 정보를 얻기 위한 질문에 해당한다고 할 수 있다.

12 다음 공고를 보고 잘못 이해한 것을 고르면?

분야	인원	응시자격	연령	비고
콘텐츠 기획	5	• 해당분야 유경험자(3년 이상) • 외국어 사이트 운영 경력자 우대 • 외국어(영어/일어) 전공자	제한없음	정규직
제휴마케팅	3	• 해당분야 유경험자(5년 이상) • 웹 프로모션 경력자 우대 • 콘텐츠산업(온라인) 지식 보유자	제한없음	정규직
웹디자인	2	• 응시제한 없음 • 웹디자인 유경험자 우대	제한없음	정규직

입사지원서 및 기타 구비서류

(1) 접수방법

• 인터넷(www.seowon.co.kr)을 통해서만 접수(우편 이용 또는 방문접수 불가)

• 채용분야별 복수지원 불가

(2) 입사지원서 접수 시 유의사항

• 입사지원서는 인터넷 접수만 가능함

• 접수 마감일에는 지원자 폭주 및 서버의 네트워크 사정에 따라 접속이 불안정해 질 수 있으니 가급적 마감일 1~2일 전까지 입사지원서 작성바람

• 입사지원서를 작성하여 접수하고 수험번호가 부여된 후 재입력이나 수정은 채용 공고 종료일 18:00까지만 가능하오니, 기재내용 입력에 신중을 기하여 정확하게 입력하기 바람

(3) 구비서류 접수

• 접수방법 : 최종면접 전형 당일 시험장에서만 접수하며, 미제출자는 불합격 처리

　－최종학력졸업증명서 1부

　－자격증 사본 1부(해당자에 한함)

기타 사항

• 상기 모집분야에 대해 최종 전형결과 적격자가 없는 것으로 판단될 경우, 선발하지 아니 할 수 있으며, 추후 입사지원서의 기재사항이나 제출서류가 허위로 판명될 경우 합격 또는 임용을 취소함

• 최종합격자라도 신체검사에서 불합격 판정을 받거나 공사 인사규정상 채용 결격사유가 발견될 경우 임용을 취소함

• 3개월 인턴 후 평가(70점 이상)에 따라 정식 고용 여부를 결정함

문의 및 접수처

• 기타 문의사항은 (주)서원 홈페이지(www.seowon.co.kr) 참고

① 우편 및 방문접수는 불가하며 입사지원은 인터넷 접수만 가능하다.

② 지원서 수정은 마감일 이후 불가능하다.

③ 최종합격자라도 신체검사에서 불합격 판정을 받으면 임용이 취소된다.

④ 3개월 인턴과정을 거치고 나면 별도의 제약 없이 정식 고용된다.

✔ 해설 기타사항에 3개월 인턴 후 평가(70점 이상)에 따라 정식 고용 여부를 결정한다고 명시되어 있다.

13 다음은 스티븐씨의 한국방문일정이다. 정확하지 않은 것은?

> Tues. march. 24. 20xx
> 10:30 Arrive Seoul (KE 086)
> 12:00 ~ 14:00 Luncheon with Directors at Seoul Branch
> 14:30 ~ 16:00 Meeting with Suppliers
> 16:30 ~ 18:00 Tour of Insa-dong
> 19:00 Depart for Dinner
> Wed. march. 25. 20xx
> 8:30 Depart for New York (OZ 222)
> 11:00 Arrive New York

① 총 2대의 비행기를 이용할 것이다.

② 오후에 인사동을 관광할 것이다.

③ 서울에 도착 후 이사와 오찬을 먹을 것이다.

④ 이틀 동안 서울에 머무를 예정이다.

✔ 해설 ④ 그는 하루 동안 서울에 머무를 예정이다.
　① KE 086, OZ 222을 탔다는 내용을 보아 두 편의 항공기를 이용했음을 알 수 있다.
　② 4시 30분부터 6시까지 인사동 관광이 예정되어 있다.
　③ 12시부터 2시까지 이사와 Seoul Branch에서 오찬약속이 있다.

Answer 12.④ 13.④

▮14~15▮ 다음은 회의의 일부이다. 물음에 답하시오.

> 본부장 : 요즘 영업팀 때문에 불편을 호소하는 팀이 많습니다. 오늘 회의는 소음문제에 관한 팀 간의 갈등 해결 방안에 대해서 논의해보려고 하는데요, 먼저 디자인팀에서 말씀해주시죠.
>
> 박팀장 : 창의적인 디자인을 만들기 위해서는 고도의 집중력이 필요합니다. 그런데 영업팀의 시끄러운 전화 소리 때문에 집중도가 떨어집니다. 이러다가 마감 내에 시안을 완성 할 수 있을까 걱정이 되네요.
>
> 서팀장 : 저희 편집팀도 마찬가지입니다. 저희도 원고 마감에 쫓기고 있는데 다들 시끄러운 분위기 때문에 집중할 수 없다는 게 주 의견입니다.
>
> 정팀장 : 먼저, 저희 팀의 소음으로 불편을 드려서 죄송합니다. 하지만 저희의 입장도 고려해주셨으면 합니다. 저희가 하는 일이 영업이기 때문에 아무래도 거래처와의 전화업무가 주를 이룹니다. 또한 그 와 중에 업무적인 얘기만 하고 전화를 끊을 수 없으니 본의 아니게 사적인 통화도 하게 되고요. 이러한 점을 조금이나마 이해를 해주셨으면 합니다.
>
> 본부장 : 세 팀의 고충을 들어봤는데 혹시 해결방안을 생각해 놓으신 것 있나요?
>
> 서팀장 : 팀별 자리 이동을 하는 게 어떨까요? 아무래도 영업팀이 디자인팀과 편집팀 사이에 있으니 한 쪽으로 옮겨진다면 좀 더 소음이 줄어들 것 같아요.
>
> 박팀장 : 아니면, 전화하실 때만이라도 잠시 회의실로 이동하시는 건 어떨까 싶네요.
>
> 정팀장 : 두 팀의 의견을 들어봤는데요, 통화 시 회의실로 이동하는 건은 회의실이 차 있을 수도 있고 또 자리를 빈번히 비우는 것은 보기에 안 좋으니 팀 자리를 이동하는 게 더 좋을 것 같네요.
>
> 본부장 : 그럼 일단 옮기는 것으로 결론을 내리고 자리를 어떻게 배치할 지는 다음 회의 때 논의하도록 하죠. 그럼 회의를 마치겠습니다.

14 위의 회의에서 '본부장'이 수행한 역할로 옳지 않은 것은?

① 회의를 하게 된 배경과 의제에 대해 설명하고 있다.

② 회의 참여자들의 발언 순서를 안내하고 있다.

③ 각 팀의 의견에 보충설명을 해주고 있다.

④ 다음에 회의할 안건에 대해 미리 제시하고 있다.

> ✔**해설** 본부장은 첫 번째 발언에서 회의를 하게 된 배경과 의제, 참여자들의 발언 순서를 정하고 있으며 마지 막 발언에서 다음 회의 안건에 대한 예고를 하고 있다. 그러나 각 팀의 의견에 대해 보충설명을 하고 있지는 않다.

15 위의 회의에 대한 분석으로 적절하지 않은 것은?

문제확인	• 디자인팀장은 디자인 업무의 특성을 고려하며 문제제기를 했다. …㉠ • 영업팀장은 영업팀의 업무적 성격을 고려해서 문제제기를 했다.
해결방안 모색	• 편집팀장은 팀별 자리배치 이동을 해결방안으로 제시하였다. …㉡ • 디자인팀장은 회의실 통화를 해결방안으로 제시하였다. …㉢ • 영업팀장은 현실적인 이유를 들어 편집팀장의 제안을 거절하였다. …㉣

① ㉠   ② ㉡

③ ㉢   ④ ㉣

✔ 해설 영업팀장은 팀별 자리배치 이동이라는 편집팀장의 의견은 수락하였으나 현실적인 이유를 들어 디자인팀
장의 회의실 통화업무는 거절하였다.

▌16~17 ▌다음 대화를 읽고 물음에 답하시오.

상담원 : 네, (주)애플망고 소비자센터입니다.

고객 : 제가 최근에 인터넷으로 핸드폰을 구입했는데요, 제품에 문제가 있는 것 같아서요.

상담원 : 아, 어떤 문제가 있으신지 여쭈어 봐도 될까요?

고객 : 제가 물건을 받고 핸드폰을 사용했는데 통화음질도 안 좋을 뿐더러 통화 연결이 잘 안 되더라고요. 그 래서 통신 문제인 줄 알고 통신사 고객센터에 연락해보니 테스트해보더니 통신의 문제는 아니라고 해서요, 제가 보기엔 핸드폰 기종 자체가 통화 음질이 떨어지는 거 같거든요? 그래서 구매한지 5일 정도 지났지만 반품하고 싶은데 가능할까요?

상담원 : 네, 고객님. 「전자상거래 등 소비자보호에 관한 법」에 의거해서 물건 수령 후 7일 이내에 청약철회가 가능합니다. 저희 쪽에 물건을 보내주시면 곧바로 환불처리 해 드리겠습니다.

고객 : 아, 감사합니다.

상담원 : 행복한 하루 되세요. 상담원 ○○○였습니다.

---

16 위 대화의 의사소통 유형으로 적절한 것은?

① 대화하는 사람들의 친교와 관계유지를 위한 의사소통이다.

② 화자가 청자의 긍정적 반응을 유도하는 의사소통이다.

③ 일대일 형식의 공식적 의사소통이다.

④ 정보전달적 성격의 비공식적 의사소통이다.

> ✔해설 주어진 대화는 소비자센터의 상담원과 반품문의를 물어보는 고객과의 일대일 면담으로 정보전달적 공식적 의사소통이다.

17 위 대화에서 상담원의 말하기 방식으로 적절한 것은?

① 상대방이 알고자 하는 정보를 정확히 제공한다.

② 타협을 통해 문제 해결방안을 찾고자 한다.

③ 주로 비언어적 표현을 활용하여 설명하고 있다.

④ 상대방을 배려하기보다 자신의 의견을 전달하는데 중점을 두고 있다.

> ✔해설 상담원은 반품 문제에 대한 해결방안을 요구하는 고객에게 정확한 정보를 제공하여 전달하고 있다.

18 N은행 상담 직원은 인터넷 뱅킹 관련 고객과 상담을 진행 중이다. 다음과 같은 고객의 말을 듣고 직원
    이 응답한 보기의 내용 중, 바람직한 경청의 자세에 입각한 응대 내용이 아닌 것은 어느 것인가?

고객 : "전 왜 인터넷 뱅킹을 그렇게 많이들 하고 있는지 도무지 이해할 수가 없어요. 돈과 관련된 일
        은 창구에 와서 직원에게 직접 의뢰를 해야지 어떻게 기계에 의존한다는 거죠? 그러다가 실수나
        오작동이라도 하는 날엔 내 돈을 어디 가서 찾는단 말예요? 다른 건 몰라도 돈 문제는 사람이
        해결하는 게 맞는 방법이라고 생각해요.
직원 : (   )

---

① "그렇게 생각하실 수 있습니다. 그럼 고객님께서는 오늘도 창구에서 송금 업무를 보실 거란 말
   씀이지요?"

② "그러시군요. 그러면 혹시 지금 스마트폰도 사용하지 않으신가요? 인터넷을 이용한 쇼핑 같은
   것도 잘 안 하실 것 같은데……."

③ "그럼 고객님, 혹시 인터넷 뱅킹의 편리한 점에 대해서는 알아보신 적 있으신지 여쭤도 될까요?"

④ "물론 고객님 말씀하시는 문제가 충분히 발생할 수 있기는 합니다."

> **✔ 해설** 올바른 경청을 방해하는 대표적 요인 중 하나가 상대방 의견을 듣고 섣부른 판단을 하는 일이다. 직원
> 은 고객의 의견을 듣고 다른 일까지 넘겨짚어 판단하고 있으므로 바람직한 경청의 자세에 부합되지 않
> 는다고 볼 수 있다.
> ① 상대방 말의 내용을 요약하는 자세
> ③ 상대방의 주장을 듣고 질문하는 자세
> ④ 상대방의 주장에 일단 긍정하는 반응을 보이는 자세

19 〈보기 1〉을 보고 '전력 수급 위기 극복'을 주제로 보고서를 쓰기 위해 〈보기 2〉와 같이 개요를 작성하였다. 개요를 수정한 내용으로 적절하지 않은 것은?

〈보기 1〉

대한민국은 전기 부족 국가로 블랙아웃(Black Out)이 상존한다. 2000년대 들어 두 차례 에너지 세제 개편을 실시한 후 난방유 가격이 오르면서 저렴한 전기로 난방을 하는 가구가 늘어 2010년대 들어서는 겨울철 전기 수요가 여름철을 넘어섰으며 실제 2011년 9월 한국전력은 전기 부족으로 서울 일부 지역을 포함한 지방 중소도시에 순환 정전을 실시했다.

〈보기 2〉

Ⅰ. 블랙아웃 사태 ··· ㉠
Ⅱ. 전력 수급 위기의 원인
  1. 공급측면
   가. 전력의 비효율적 관리
   나. 한국전력의 혁신도시 이전 ································· ㉡
  2. 수요측면
   가. 블랙아웃의 위험성 인식부족
   나. 전력의 효율적 관리구축 ····································· ㉢
Ⅲ. 전력 수급 위기의 극복방안
  1. 공급측면
   가. 전력 과소비문화 확대
   나. 발전 시설의 정비 및 확충
  2. 수요측면
   가. 에너지 사용량 강제 감축 할당량 부과
   나. 송전선로 지중화 사업에 대해 홍보 활동 강화 ··············· ㉣
Ⅳ. 전력 수급 안정화를 위한 각계각층의 노력 촉구

---

① ㉠은 〈보기 1〉을 근거로 '블랙아웃의 급증'으로 구체화한다.

② ㉡은 주제와 관련 없는 내용이므로 삭제한다.

③ ㉢은 상위 항목과의 관계를 고려하여 'Ⅲ-1-가'와 위치를 바꾼다.

④ ㉣은 글의 일관성을 고려하여 '혁신도시 이전에 따른 홍보 강화'로 내용을 수정한다.

✔해설 ㉣은 블랙아웃의 해결책이 제시되어야 하므로 '절전에 대한 국민 홍보 강화'로 내용을 수정한다.

▌20~21▐ 다음 글을 읽고 물음에 답하시오.

(가) 안녕하세요? 사내 홈페이지 운영의 총책임을 담당하고 있는 전산팀 김수현 팀장입니다. 다름이 아니라 사내 홈페이지의 익명게시판 사용 실태에 대한 말씀을 드리기 위해 이렇게 공지를 올리게 되었습니다. 요즘 ㉠익명게시판의 일부 분들의 행동으로 얼굴이 찌푸리는 일들이 많아지고 있습니다. 타부서 비판 및 인신공격은 물론이고 차마 입에 담기 어려운 욕설까지 하고 있습니다. 사내의 활발한 의견 교류 및 정보 교환을 위해 만들어진 익명게시판이지만 이렇게 물의를 일으키는 공간이 된다면 더 이상 게시판의 순 목적을 달성할 수 없을 것이라 생각합니다. 그렇기 때문에 전산팀은 ㉡내일부터 익명게시판을 폐쇄하겠습니다. 애석한 일입니다만, 회사 내에서 서로 생채기를 내는 일이 더 이상 없어야 하기에 이와 같이 결정했습니다.

(나) 팀장님, 게시판을 폐쇄하시겠다는 공문은 잘 보았습니다. 물론 익명게시판의 활성화로 많은 문제가 양상된 것은 사실이지만 그 결정은 너무 성급한 것 같습니다. 한 번이라도 주의나 경고의 글을 올려 주실 수는 없었나요? 그랬으면 지금보다는 상황이 나아질 수도 있었을 텐데요.

팀장님! 이번 결정이 누구의 뜻에 의한 것인가요? 게시판의 관리는 전산팀에서 맡지만, 그 공간은 우리 회사 사원 모두의 공간이 아닌가요? 저는 홈페이지 폐쇄라는 문제가 전산팀 내에서 쉽게 정할 일이 아니라고 봅니다. 그 공간은 사내의 중요한 정보를 나누는 곳이고 친교를 행사하는 곳입니다. 즉 게시판의 주체는 '우리'라는 것입니다. 그렇기 때문에 이렇게 독단적인 결정은 받아드릴 수 없습니다. 다시 한 번 재고해주시길 바라겠습니다.

20 ㉠의 행동과 맥락이 통하는 속담을 고르면?

① 가는 말이 고와야 오는 말이 곱다.

② 미꾸라지 한 마리가 강물을 흐린다.

③ 콩 심은 데 콩 나고 팥 심은 데 팥 난다.

④ 바늘도둑이 소도둑 된다.

✔해설 ② 한 사람의 좋지 않은 행동이 집단 전체에 나쁜 영향을 미친다는 뜻으로 일부 사람들의 비윤리적 행태가 게시판 폐쇄라는 결과로 이어진 현 상황에 적절한 속담이라 볼 수 있다.

21 ㉢에 대한 반발의 근거로 ㈏가 제시한 논거가 아닌 것은?

① 악플러에게도 한 번의 용서의 기회를 주어야 한다.

② 게시판은 회사 사원 모두의 공간이다.

③ 전산팀의 독단적인 결정은 지양되어야 한다.

④ 주의나 경고 없이 폐쇄라는 결정을 한 것은 성급한 결정이다.

✔해설 ㈏는 게시판을 폐쇄하겠다는 ㈎의 의견에 반박하고 있으나 악플러에게도 한 번의 용서의 기회를 주어야
한다는 의견은 찾아 볼 수 없다.

22 다음 업무일지를 바르게 이해하지 못한 것은?

[20xx년 5월 4일 업무보고서]

편집팀 팀장 박서준

시간	내용	비고
09:00~10:00	편집팀 회의	– 일주일 후 나올 신간 논의
10:00~12:00	통상업무	
12:00~13:00	점심식사	
13:00~14:30	릴레이 회의	– 편집팀 인원충원에 관해 인사팀 김oo 대리에게 보고 – 디자인팀에 신간 표지디자인 샘플 부탁
14:30~16:00	협력업체 사장과 미팅	– 내일 오전까지 인쇄물 400부 도착
16:00~18:00	서점 방문	– 지난 시즌 발간한 서적 동향 파악

① 5월 11일 신간이 나올 예정이다.

② 편집팀은 현재 인력이 부족한 상황이다.

③ 저번 달에도 신간을 발간했다.

④ 내일 오전 인쇄물 400부가 배송될 예정이다.

✔해설 ③ 지난 시즌이라고만 명시했지 구체적으로 언제 발간했는지 밝혀지지 않았다.

23 ○○연구소에 근무하는 K는 '과학과 사회'를 주제로 열린 포럼에 참석하고 돌아와 보고서를 쓰려고 한다. K가 보고서 작성을 위해 포럼에서 논의된 대화를 분석하려고 할 때, 옳지 않은 것은?

> 甲 : 과학자는 사실의 기술에 충실해야지, 과학이 초래하는 사회적 영향과 같은 윤리적 문제에 대해서는 고민할 필요가 없습니다. 윤리적 문제는 윤리학자, 정치인, 시민의 몫입니다.
>
> 乙 : 과학과 사회 사이의 관계에 대해 생각할 때 우리는 다음 두 가지를 고려해야 합니다. 첫째, 우리가 사는 사회는 전문가 사회라는 점입니다. 과학과 관련된 윤리적 문제를 전문적으로 연구하는 윤리학자들이 있습니다. 과학이 초래하는 사회적 문제는 이들에게 맡겨두어야지 전문가도 아닌 과학자가 개입할 필요가 없습니다. 둘째, 과학이 불러올 미래의 윤리적 문제는 과학이론의 미래와 마찬가지로 확실하게 예측하기 어렵다는 점입니다. 이런 상황에서 과학자가 윤리적 문제에 집중하다 보면 신약 개발처럼 과학이 가져다 줄 수 있는 엄청난 혜택을 놓치게 될 위험이 있습니다.
>
> 丙 : 과학윤리에 대해 과학자가 전문성이 없는 것은 사실입니다. 하지만 중요한 것은 과학자들과 윤리학자들이 자주 접촉을 하고 상호이해를 높이면서, 과학의 사회적 영향에 대해 과학자, 윤리학자, 시민이 함께 고민하고 해결책을 모색해 보는 것입니다. 또한 미래에 어떤 새로운 과학이론이 등장할지 그리고 그 이론이 어떤 사회적 영향을 가져올지 미리 알기는 어렵다는 점도 중요합니다. 게다가 연구가 일단 진행된 다음에는 그 방향을 돌리기도 힘듭니다. 그렇기에 연구 초기단계에서 가능한 미래의 위험이나 부작용에 대해 자세히 고찰해 보아야 합니다.
>
> 丁 : 과학의 사회적 영향에 대한 논의 과정에 과학자들의 참여가 필요합니다. 현재의 과학연구가 계속 진행되었을 때, 그것이 인간사회나 생태계에 미칠 영향을 예측하는 것은 결코 만만한 작업이 아닙니다. 그래서 인문학, 사회과학, 자연과학 등 다양한 분야의 전문가들이 함께 소통해야 합니다. 그렇기에 과학자들이 과학과 관련된 윤리적 문제를 도외시해서는 안 된다고 봅니다.

① 甲와 乙는 과학자가 윤리적 문제에 개입하는 것에 부정적이다.

② 乙와 丙는 과학윤리가 과학자의 전문 분야가 아니라고 본다.

③ 乙와 丙는 과학이론이 앞으로 어떻게 전개될지 정확히 예측하기 어렵다고 본다.

④ 乙와 丁는 과학자의 전문성이 과학이 초래하는 사회적 문제 해결에 긍정적 기여를 할 것이라고 본다.

> ✔해설 ④ 丁은 과학연구가 계속 진행되었을 때, 그것이 인간사회나 생태계에 미칠 영향을 예측하는 것은 만만하지 않고 그래서 인문학, 사회과학, 자연과학 등 다양한 분야의 전문가들이 함께 소통하여야 한다는 입장이다. 그러나 乙은 과학이 초래하는 사회적 문제는 과학과 관련된 윤리적 문제를 전문적으로 연구하는 윤리학자에게 맡겨두어야 전문가도 아닌 과학자가 개입할 필요가 없다고 말한다.

24 K공단의 상수도관리팀 팀장으로 근무하는 A는 새로 도입한 지표생물 관련 자료를 가지고 회의를 하였다. 다음 자료를 바탕으로 지표생물에 대해 제대로 이해하고 있는 팀원을 고르면?

> 식수오염의 방지를 위해서 빠른 시간 내 식수의 분변오염 여부를 밝히고 오염의 정도를 확인하기 위한 목적으로 지표생물의 개념을 도입하였다. 병원성 세균, 바이러스, 원생동물, 기생체 소낭 등과 같은 병원체를 직접 검출하는 것은 비싸고 시간이 많이 걸릴 뿐 아니라 숙달된 기술을 요구하지만, 지표생물을 이용하면 이러한 문제를 많이 해결할 수 있다.
>
> 식수가 분변으로 오염되어 있다면 분변에 있는 병원체 수와 비례하여 존재하는 비병원성 세균을 지표생물로 이용한다. 이에 대표적인 것은 대장균이다. 대장균은 그 기원이 전부 동물의 배설물에 의한 것이므로, 시료에서 대장균의 균체 수가 일정 기준보다 많이 검출되면 그 시료에는 인체에 유해할 만큼의 병원체도 존재한다고 추정할 수 있다. 그러나 온혈동물에게서 배설되는 비슷한 종류의 다른 세균들을 배제하고 대장균만을 측정하기는 어렵다. 그렇기 때문에 대장균이 속해 있는 비슷한 세균군을 모두 검사하여 분변오염 여부를 판단하고, 이 세균군을 총대장균군이라고 한다.
>
> 총대장균군에 포함된 세균이 모두 온혈동물의 분변에서 기원한 것은 아니지만, 온혈동물의 배설물을 통해서도 많은 수가 방출되고 그 수는 병원체의 수에 비례한다. 염소 소독과 같은 수질 정화과정에서도 병원체와 유사한 저항성을 가지므로 식수, 오락 및 휴양 용수의 수질 결정에 좋은 지표이다. 지표생물로 사용하는 또 다른 것은 분변성 연쇄상구균군이다. 이는 대장균을 포함하지는 않지만, 사람과 온혈동물의 장에 흔히 서식하므로 물의 분변오염 여부를 판정하는 데 이용된다. 이들은 잔류성이 높고 장 밖에서는 증식하지 않기 때문에 시료에서도 그 수가 일정하게 유지되어 좋은 상수소독 처리지표로 활용된다.

① 재인 : 온혈동물의 분변에서 기원되는 균은 모두 지표생물이 될 수 있다.

② 준표 : 수질 정화과정에서 총대장균군은 병원체보다 높은 생존율을 보인다.

③ 철수 : 채취된 시료 속의 총대장균군의 세균 수와 병원체 수는 비례하여 존재한다.

④ 승민 : 지표생물을 검출하는 것은 병원체를 직접 검출하는 것보다 숙달된 기술을 필요로 한다.

> ✔ 해설 ③ 셋째 문단 첫 문장에서 '총대장균군에 포함된 세균이 모두 온혈동물의 분변에서 기원한 것은 아니지만, 온혈동물의 배설물을 통해서도 많은 수가 방출되고 그 수는 병원체의 수에 비례한다'고 언급하도 있다.
> ① 식수가 분변으로 오염되어 있다면 분변에 있는 병원체 수와 비례하여 존재하는 비병원성 세균을 지표생물로 이용한다.
> ② 염소 소독과 같은 수질 정화과정에서도 병원체와 유사한 저항성을 가진다.
> ④ 병원체를 직접 검출하는 것은 비싸고 시간이 많이 걸릴 뿐 아니라 숙달된 기술을 요구한다.

25 다음은 어느 회사의 홈페이지에 올라와 있는 기업 소개 글이다. 이에 대한 설명으로 틀린 것은?

> ○○○은 국내 제일의 온라인 전문 교육기관으로 수험생 여러분께 양질의 교육 콘텐츠를 제공하기 위하여 끊임없는 노력을 기울입니다. 21세기가 요구하는 변화의 물결 속에서 새로운 교육문화를 창조하고 합격의 원동력이 되기 위하여, ○○○은 수험생 여러분의 '만족'을 지고(至高)의 가치로 삼았습니다. 처음에 품은 신념과 열정이 합격의 그 날까지 빛바래지 않도록, ○○○이 수험생 여러분과 함께 하겠습니다. 수험생 여러분의 무한한 가능성을 ○○○에서 열어드리겠습니다.
>
> 〈핵심가치〉
> '신념'을 가지고 '도전'하는 '사람'은 반드시 그 '꿈'을 이룰 수 있습니다.
> ○○○에서 수험생 여러분의 꿈을 응원합니다.
>
> | | |
> |---|---|
> | 신념 | 신념은 모든 일에 '주추'라고 할 수 있습니다. ○○○의 신념은 수험생 여러분이 만족할 수 있는 양질의 교육 서비스 제공을 위해 최선을 다하는 것입니다. 최고의 강사진과 최첨단 이러닝(e-learning) 시스템, 오랜 노하우가 담긴 차별화된 교재 등은 ○○○의 신념을 뒷받침하는 비기(祕技)입니다. |
> | 도전 | 영국의 정치가 윈스턴 처칠은 "성공은 절대 끝이 아니고, 실패는 절대 치명적이지 않다. 중요한 것은 용기이다."라고 말했습니다. 도전은 성공으로 가는 유일한 길이며, 용기 있는 사람만이 할 수 있는 일입니다. ○○○이 수험생 여러분의 용기 있는 도전을 성공으로 연결해 드립니다. |
> | 사람 | 사람은 모든 일에 기본입니다. 매체를 사이에 두고 이루어지는 온라인 강의의 경우, 자칫 면대면으로 이루어지는 수업에 비해 충분한 의사소통이 이루어지지 않을 우려가 있습니다. ○○○에서는 1:1 서비스와 빠른 피드백(feedback)으로 개개인을 위한 맞춤형 교육을 실현합니다. |
> | 꿈 | 누구든 한 번쯤은 자신의 꿈을 위하여 밤잠을 설치던 순간이 있을 것입니다. ○○○은 수험생 여러분이 꿈을 이루기 위하여 쏟은 시간과 노력을 헛된 일로 만들지 않습니다. 쉽지 않기에 더욱 가치 있는 그 길을 수험생 여러분과 함께 걷겠습니다. |

① 이 회사에서는 면대면 교육 서비스를 제공한다.
② 한자, 영어 등을 동시에 표기하여 문맥의 이해를 돕는다.
③ 유명인사의 말을 인용하여 전달하고자 하는 내용을 효과적으로 표현하고 있다.
④ 이 회사는 자체 개발 교재를 사용한다.

✔ **해설** 이 회사는 이러닝(e-learning) 시스템을 통해 교육 서비스를 제공하는 온라인 전문 교육기관으로 면대면 교육 서비스를 제공하는 것은 아니다.

Answer 24.③ 25.①

26 다음 중 유아인 대리가 회의 전 후 취해야 할 행동 중 가장 우선순위가 낮은 것은?

> 홍보팀 유아인 대리는 국내 방송사 기자와의 인터뷰 일정을 최종 점검 중이다. 다음은 기자와의 통화내용이다.
>
> 유대리 : 김강우 기자님 안녕하세요. 저는 ○○공사 홍보팀 대리 유아인입니다. 인터뷰일정 확인 차 연락드립니다. 지금 통화가능하세요?
>
> 김기자 : 네, 말씀하세요.
>
> 유대리 : 인터뷰 예정일이 7월 10일 오후 2시인데 변동사항이 있나 확인하고자 합니다.
>
> 김기자 : 네, 예정된 일정대로 진행 가능합니다. 인터뷰는 ○○공사 회의실에서 하기로 했죠?
>
> 유대리 : 맞습니다. 인터뷰 준비와 관련해서 저희 측에서 더 준비해야 하는 사항이 있나요?
>
> 김기자 : 카메라 기자와 함께 가니 회의실 공간이 좀 넓어야 하겠고, 회의실 배경이 좀 깔끔해야 할 텐데 준비가 가능할까요?

① 총무팀에 연락해서 회의실 주변 정리 및 회의실 예약을 미리 해 놓는다.

② 인터뷰 내용을 미리 받아보아 정확한 답변을 할 수 있도록 자료를 준비한다.

③ 인터뷰 당일 늦어질 수 있는 점심식사 약속은 되도록 잡지 않도록 한다.

④ 기자에게 인터뷰 방영일자를 확인하여 인터뷰 영상내용을 자료로 보관하도록 한다.

✔ 해설 방영일자를 확인하고 인터뷰 영상을 보관하는 것은 모든 인터뷰가 끝나고 난 이후의 상황이므로 가장 나중에 확인하도록 한다.

| 27~28 | 다음은 ○○보험 정책연구원 M대리가 '제×차 건강과 의료 고위자 과정 모집안내'에 대한 안내 문서를 작성한 것이다. 이를 읽고 이어지는 물음에 답하시오.

〈모집요강〉

수업기간	2019. 4. 1~7. 15(14주)
수업일시	매주 금요일 18시 30분~21시(석식제공)
모집인원	45명
지원자격	• 의료기관의 원장 및 관리책임자 • 정부, 국회 및 정부투자기관의 고위관리자 • 전문기자 및 보건의료계 종사자
접수기간	2019. 3. 8~3. 22(15일간)
접수장소	○○보험 정책연구소(우편, 이메일 접수 가능)
제출서류	• 입학지원서 1부 • 사진 2매(입학지원서 부착 및 별도 1매), 여권사본 1부(해외워크숍 참가 시) ※ 입학지원서 양식은 홈페이지에서 다운로드 가능
합격자 발표	2019. 3. 22(금) 개별통보
수료기준	과정 60% 이상 출석 시 수료증 수여
교육장소	• ○○보험 본사 대회의실(6층) • ○○보험 정책연구소 세미나실(4층)
수강료	• 등록금 : 100만 원 -합격자에 한하여 아래의 계좌로 입금하여 주십시오. -계좌번호 : △△은행 527-000116-0000 ○○보험 정책연구소 ※ 해외연수 비용은 별도(추후 공지)

Answer 26.④

27 M대리가 작성한 문서를 검토한 선배 S는 문서의 형식과 내용상의 일부 수정사항을 다음과 같이 지적하였다. 다음 중 S의 지적으로 적절하지 않은 것은?

① "날짜를 표기할 때에는 연월일 숫자 다음에 반드시 온점(.)을 찍는 것이 기본 원칙이야."

② "개인정보 수집 및 이용 동의서 작성이 필요한지를 반드시 알려줘야 해."

③ "공문서에 시간을 적을 때에는 24시각제로 표기하되, '시', '분' 등의 말은 빼고 쌍점(:)을 찍어 '18:30'처럼 표기해야 되는 것 잊지 말게."

④ "대외적으로 배포할 안내문을 작성할 때에는 항상 '문의 및 연락처'를 함께 적어야 불편함을 줄일 수 있어."

> ✔해설 개인정보 수집 및 이용 동의서, 개인정보 제공 동의서 등은 동의 여부를 개인정보 제공자의 자유의사로 선택할 수 있으므로 필요한 경우 작성을 요청할 수 있으나, 모집요강에 반드시 포함되어야 할 사항은 아니다.
> ① 2019. 4. 1~7. 15 → 2019. 4. 1.~7. 15.
> ③ 18시 30분~21시 → 18:30~21:00
> ④ 대외적으로 배포하는 안내문에서는 문의 및 연락처, 기타사항 등을 통하여 담당부서, 연락처 등을 함께 기재하는 것이 일반적이다.

28 위의 모집요강을 보고 건강과 의료 고위자 과정에 지원하고자 하는 A~D 중 모집요강을 잘못 이해하고 있는 사람은?

① A : 매주 금요일 저녁 저 시간에 수업을 하려면 저녁 시간이 애매한데, 석식을 제공한다니 괜찮네.

② B : 매우 유용한 과정이 될 것 같은데, 후배 중 의학전문기자가 있으니 수강해 보라고 알려줘야겠군.

③ C : 오늘이 접수 마감일인데 방문할 시간이 없으니 이메일로라도 신청해 봐야겠네.

④ D : 나는 수업기간 중 출장 때문에 2주 정도 출석을 못 하니 수료가 어렵겠네.

> ✔해설 수료기준으로 60% 이상 출석을 요구하고 있다. 따라서 총 14주간의 수업이므로 9주 이상 수업에 참석하면 수료증이 수여된다.

29 다음 〈보기〉는 임주환 대리에게 온 상사로부터의 SNS이다. 아래와 같은 지시사항을 받은 후 임대리가 수행해야 할 업무의 우선순위를 나열한 것으로 가장 적절한 것은?

〈보기〉

11월 14일 (월) 오전 11시

오늘 오후 급하게 비행기로 울산에 다녀와야겠어요. 재무팀 김상무님하고 장팀장님이 같이 갈 거니까 3시 이후 일정으로 알아보고, 예약되면 연락주세요. 그리고 내일 오전에 회의하고 돌아올 예정이니, 숙소도 같이 예약해주세요.

11월 14일(월) 오전 12시

아참, 내일 있을 회의 자료는 20부 정도 필요하니까 준비해주세요. 그리고 내일 오전에 만나기로 한 거래처 정사장님께는 전화해서 약속을 변경하도록 해주세요.

㉠ 항공편 예약
㉡ 숙박시설 예약
㉢ 거래처 정사장에게 전화
㉣ 회의자료 정리 후 울산지사로 e-mail 전송
㉤ 울산지사에 전화하여 회의실 신청

① ㉠㉡㉢㉣㉤
② ㉤㉠㉡㉢㉣
③ ㉠㉡㉤㉢㉣
④ ㉢㉠㉤㉣㉤

✔해설 울산에서의 회의 참석 일정이므로 울산으로의 항공편 예약이 가장 시급하며, 그 이후 숙박시설을 예약해야 한다. 이 두 가지를 완료한 후 회의를 하기 위한 회의실을 신청한 후 회의 자료의 경우 내일 회의에서 사용하는 것으로 여유가 있기 때문에 가장 마지막에 행하도록 한다.

30 다음은 사내게시판에 올라온 상담내용이다. 응답한 내용 중 적절하지 않은 것을 고르면?

① Q : 제가 말을 직설적으로 해서 그런지 몰라도 팀원들과의 갈등이 잦은 편이에요.

　A : 대인관계를 원만히 쌓아가기 위해서는 서로 이해하고 배려하는 마음이 전제되어야 해요. 원만한 의사소통을 위해서 서로의 입장에서 생각해보고 조금 말을 둥글게 하는 게 어떨까요?

② Q : 이번 프로젝트의 발표를 맡게 되었습니다. 앞에 나서서 말을 잘 못하는 편이라 걱정이 됩니다.

　A : 자신의 일을 묵묵히 잘 하는 것도 중요하지만 그것을 남들 앞에서 얼마나 잘 표현하느냐도 사회인이 갖춰야 할 필요역량입니다. 적극적으로 의견을 펼쳐 보여주는 것이 중요합니다.

③ Q : 팀원들이 회의 시에 방관하고 소극적인 자세로 임해서 걱정입니다.

　A : 집단 의사소통의 상황에서는 목적을 분명하게 제시해주고 적극적인 방법으로 이끌어주려는 노력이 필요해요. 필요하다면 자극적인 경쟁의 방법을 통해서라도 확실히 회의에 임할 수 있게 하는 것이 필요합니다.

④ Q : 제가 사람들과 잘 대화를 나누지 못해요.

　A : 주변사람들과 대화할 때 상대의 관련 정보를 종합적으로 고려하여 상대방의 처지를 이해하면서 상호작용하려는 노력이 필요합니다.

✔해설 집단적 의사소통상황에서는 협력적 상호작용이 중요하므로 중재자가 참여자 간의 의견이 자유롭게 오갈 수 있는 환경을 만들어 주는 것이 중요하다.

문제해결능력

CHAPTER 02

1 문제와 문제해결

(1) 문제의 정의와 분류

① 정의 : 문제란 업무를 수행함에 있어서 답을 요구하는 질문이나 의논하여 해결해야 되는 사항이다.

② 문제의 분류

구분	창의적 문제	분석적 문제
문제제시 방법	현재 문제가 없더라도 보다 나은 방법을 찾기 위한 문제 탐구→문제 자체가 명확하지 않음	현재의 문제점이나 미래의 문제로 예견될 것에 대한 문제 탐구→문제 자체가 명확함
해결방법	창의력에 의한 많은 아이디어의 작성을 통해 해결	분석, 논리, 귀납과 같은 논리적 방법을 통해 해결
해답 수	해답의 수가 많으며, 많은 답 가운데 보다 나은 것을 선택	답의 수가 적으며 한정되어 있음
주요특징	주관적, 직관적, 감각적, 정성적, 개별적, 특수성	객관적, 논리적, 정량적, 이성적, 일반적, 공통성

(2) 업무수행과정에서 발생하는 문제 유형

① 발생형 문제(보이는 문제) : 현재 직면하여 해결하기 위해 고민하는 문제이다. 원인이 내재되어 있기 때문에 원인지향적인 문제라고도 한다.

　㉠ 일탈문제 : 어떤 기준을 일탈함으로써 생기는 문제

　㉡ 미달문제 : 어떤 기준에 미달하여 생기는 문제

② 탐색형 문제(찾는 문제) : 현재의 상황을 개선하거나 효율을 높이기 위한 문제이다. 방치할 경우 큰 손실이 따르거나 해결할 수 없는 문제로 나타나게 된다.

　㉠ 잠재문제 : 문제가 잠재되어 있어 인식하지 못하다가 확대되어 해결이 어려운 문제

ⓛ 예측문제 : 현재로는 문제가 없으나 현 상태의 진행 상황을 예측하여 찾아야 앞으로 일어날 수 있는 문제가 보이는 문제

ⓒ 발견문제 : 현재로서는 담당 업무에 문제가 없으나 선진기업의 업무 방법 등 보다 좋은 제도나 기법을 발견하여 개선시킬 수 있는 문제

③ 설정형 문제(미래 문제) : 장래의 경영전략을 생각하는 것으로 앞으로 어떻게 할 것인가 하는 문제이다. 문제해결에 창조적인 노력이 요구되어 창조적 문제라고도 한다.

예제 1

D회사 신입사원으로 입사한 귀하는 신입사원 교육에서 업무수행과정에서 발생하는 문제 유형 중 설정형 문제를 하나씩 찾아오라는 지시를 받았다. 이에 대해 귀하는 교육받은 내용을 다시 복습하려고 한다. 설정형 문제에 해당하는 것은?

① 현재 직면하여 해결하기 위해 고민하는 문제
② 현재의 상황을 개선하거나 효율을 높이기 위한 문제
③ 앞으로 어떻게 할 것인가 하는 문제
④ 원인이 내재되어 있는 원인지향적인 문제

출제의도

업무수행 중 문제가 발생하였을 때 문제 유형을 구분하는 능력을 측정하는 문항이다.

해 설

업무수행과정에서 발생하는 문제 유형으로는 발생형 문제, 탐색형 문제, 설정형 문제가 있으며 ①④는 발생형 문제이며 ②는 탐색형 문제, ③이 설정형 문제이다.

답 ③

---

(3) 문제해결

① 정의 : 목표와 현상을 분석하고 이 결과를 토대로 과제를 도출하여 최적의 해결책을 찾아 실행·평가해 가는 활동이다.

② 문제해결에 필요한 기본적 사고

　ⓐ 전략적 사고 : 문제와 해결방안이 상위 시스템과 어떻게 연결되어 있는지를 생각한다.

　ⓑ 분석적 사고 : 전체를 각각의 요소로 나누어 그 의미를 도출하고 우선순위를 부여하여 구체적인 문제해결방법을 실행한다.

　ⓒ 발상의 전환 : 인식의 틀을 전환하여 새로운 관점으로 바라보는 사고를 지향한다.

　ⓓ 내·외부자원의 활용 : 기술, 재료, 사람 등 필요한 자원을 효과적으로 활용한다.

③ 문제해결의 장애요소

　ⓐ 문제를 철저하게 분석하지 않는 경우

　ⓑ 고정관념에 얽매이는 경우

　ⓒ 쉽게 떠오르는 단순한 정보에 의지하는 경우

　ⓓ 너무 많은 자료를 수집하려고 노력하는 경우

④ 문제해결방법

   ㉠ 소프트 어프로치 : 문제해결을 위해서 직접적인 표현보다는 무언가를 시사하거나 암시를 통하여 의사를 전달하여 문제해결을 도모하고자 한다.

   ㉡ 하드 어프로치 : 상이한 문화적 토양을 가지고 있는 구성원을 가정하고, 서로의 생각을 직설적으로 주장하고 논쟁이나 협상을 통해 서로의 의견을 조정해 가는 방법이다.

   ㉢ 퍼실리테이션(facilitation) : 촉진을 의미하며 어떤 그룹이나 집단이 의사결정을 잘 하도록 도와주는 일을 의미한다.

2 문제해결능력을 구성하는 하위능력

(1) 사고력

① 창의적 사고 : 개인이 가지고 있는 경험과 지식을 통해 새로운 가치 있는 아이디어를 산출하는 사고 능력이다.

   ㉠ 창의적 사고의 특징

    • 정보와 정보의 조합

    • 사회나 개인에게 새로운 가치 창출

    • 창조적인 가능성

예제 2

M사 홍보팀에서 근무하고 있는 귀하는 입사 5년차로 창의적인 기획안을 제출하기로 유명하다. S부장은 이번 신입사원 교육 때 귀하에게 창의적인 사고란 무엇인지 교육을 맡아달라고 부탁하였다. 창의적인 사고에 대한 귀하의 설명으로 옳지 않은 것은?

① 창의적인 사고는 새롭고 유용한 아이디어를 생산해 내는 정신적인 과정이다.
② 창의적인 사고는 특별한 사람들만이 할 수 있는 대단한 능력이다.
③ 창의적인 사고는 기존의 정보들을 특정한 요구조건에 맞거나 유용하도록 새롭게 조합시킨 것이다.
④ 창의적인 사고는 통상적인 것이 아니라 기발하거나, 신기하며 독창적인 것이다.

출제의도
창의적 사고에 대한 개념을 정확히 파악하고 있는지를 묻는 문항이다.

해 설
흔히 사람들은 창의적인 사고에 대해 특별한 사람들만이 할 수 있는 대단한 능력이라고 생각하지만 그리 대단한 능력이 아니며 이미 알고 있는 경험과 지식을 해체하여 다시 새로운 정보로 결합하여 가치 있는 아이디어를 산출하는 사고라고 할 수 있다.

답 ②

ⓛ 발산적 사고 : 창의적 사고를 위해 필요한 것으로 자유연상법, 강제연상법, 비교발상법 등을 통해 개발할 수 있다.

구분	내용
자유연상법	생각나는 대로 자유롭게 발상 ex) 브레인스토밍
강제연상법	각종 힌트에 강제적으로 연결 지어 발상 ex) 체크리스트
비교발상법	주제의 본질과 닮은 것을 힌트로 발상 ex) NM법, Synectics

Point 》 브레인스토밍
  ㉠ 진행방법
    • 주제를 구체적이고 명확하게 정한다.
    • 구성원의 얼굴을 볼 수 있는 좌석 배치와 큰 용지를 준비한다.
    • 구성원들의 다양한 의견을 도출할 수 있는 사람을 리더로 선출한다.
    • 구성원은 다양한 분야의 사람들로 5~8명 정도로 구성한다.
    • 발언은 누구나 자유롭게 할 수 있도록 하며, 모든 발언 내용을 기록한다.
    • 아이디어에 대한 평가는 비판해서는 안 된다.
  ㉡ 4대 원칙
    • 비판엄금(Support) : 평가 단계 이전에 결코 비판이나 판단을 해서는 안 되며 평가는 나중까지 유보한다.
    • 자유분방(Silly) : 무엇이든 자유롭게 말하고 이런 바보 같은 소리를 해서는 안 된다는 등의 생각은 하지 않아야 한다.
    • 질보다 양(Speed) : 질에는 관계없이 가능한 많은 아이디어들을 생성해내도록 격려한다.
    • 결합과 개선(Synergy) : 다른 사람의 아이디어에 자극되어 보다 좋은 생각이 떠오르고, 서로 조합하면 재미있는 아이디어가 될 것 같은 생각이 들면 즉시 조합시킨다.

② 논리적 사고 : 사고의 전개에 있어 전후의 관계가 일치하고 있는가를 살피고 아이디어를 평가하는 사고능력이다.
  ㉠ 논리적 사고를 위한 5가지 요소 : 생각하는 습관, 상대 논리의 구조화, 구체적인 생각, 타인에 대한 이해, 설득
  ㉡ 논리적 사고 개발 방법
    • 피라미드 구조 : 하위의 사실이나 현상부터 사고하여 상위의 주장을 만들어가는 방법
    • so what기법 : '그래서 무엇이지?'하고 자문자답하여 주어진 정보로부터 가치 있는 정보를 이끌어내는 사고 기법

③ 비판적 사고 : 어떤 주제나 주장에 대해서 적극적으로 분석하고 종합하며 평가하는 능동적인 사고이다.
  ㉠ 비판적 사고 개발 태도 : 비판적 사고를 개발하기 위해서는 지적 호기심, 객관성, 개방성, 융통성, 지적 회의성, 지적 정직성, 체계성, 지속성, 결단성, 다른 관점에 대한 존중과 같은 태도가 요구된다.

ⓛ 비판적 사고를 위한 태도
- 문제의식 : 비판적인 사고를 위해서 가장 먼저 필요한 것은 바로 문제의식이다. 자신이 지니고 있는 문제와 목적을 확실하고 정확하게 파악하는 것이 비판적인 사고의 시작이다.
- 고정관념 타파 : 지각의 폭을 넓히는 일은 정보에 대한 개방성을 가지고 편견을 갖지 않는 것으로 고정관념을 타파하는 일이 중요하다.

(2) 문제처리능력과 문제해결절차

① 문제처리능력 : 목표와 현상을 분석하고 이를 토대로 문제를 도출하여 최적의 해결책을 찾아 실행·평가하는 능력이다.

② 문제해결절차 : 문제 인식 → 문제 도출 → 원인 분석 → 해결안 개발 → 실행 및 평가
- ㉠ 문제 인식 : 문제해결과정 중 'what'을 결정하는 단계로 환경 분석 → 주요 과제 도출 → 과제 선정의 절차를 통해 수행된다.
  - 3C 분석 : 환경 분석 방법의 하나로 사업환경을 구성하고 있는 요소인 자사(Company), 경쟁사(Competitor), 고객(Customer)을 분석하는 것이다.

예제 3

L사에서 주력 상품으로 밀고 있는 TV의 판매 이익이 감소하고 있는 상황에서 귀하는 B부장으로부터 3C분석을 통해 해결방안을 강구해 오라는 지시를 받았다. 다음 중 3C에 해당하지 않는 것은?

① Customer   ② Company
③ Competitor   ④ Content

출제의도

3C의 개념과 구성요소를 정확히 숙지하고 있는지를 측정하는 문항이다.

해 설

3C 분석에서 사업 환경을 구성하고 있는 요소인 자사(Company), 경쟁사(Competitor), 고객을 3C(Customer)라고 한다. 3C 분석에서 고객 분석에서는 '고객은 자사의 상품·서비스에 만족하고 있는지'를, 자사 분석에서는 '자사가 세운 달성목표와 현상 간에 차이가 없는지'를 경쟁사 분석에서는 '경쟁기업의 우수한 점과 자사의 현상과 차이가 없는지'에 대한 질문을 통해서 환경을 분석하게 된다.

답 ④

- SWOT 분석 : 기업내부의 강점과 약점, 외부환경의 기회와 위협요인을 분석·평가하여 문제해결 방안을 개발하는 방법이다.

		내부환경요인	
		강점(Strengths)	약점(Weaknesses)
외부환경요인	기회 (Opportunities)	SO 내부강점과 외부기회 요인을 극대화	WO 외부기회를 이용하여 내부약점을 강점으로 전환
	위협 (Threat)	ST 외부위협을 최소화하기 위해 내부강점을 극대화	WT 내부약점과 외부위협을 최소화

ⓛ 문제 도출 : 선정된 문제를 분석하여 해결해야 할 것이 무엇인지를 명확히 하는 단계로, 문제 구조 파악 → 핵심 문제 선정 단계를 거쳐 수행된다.

- Logic Tree : 문제의 원인을 파고들거나 해결책을 구체화할 때 제한된 시간 안에서 넓이와 깊이를 추구하는데 도움이 되는 기술로 주요 과제를 나무모양으로 분해·정리하는 기술이다.

ⓒ 원인 분석 : 문제 도출 후 파악된 핵심 문제에 대한 분석을 통해 근본 원인을 찾는 단계로 Issue 분석 → Data 분석 → 원인 파악의 절차로 진행된다.

ⓔ 해결안 개발 : 원인이 밝혀지면 이를 효과적으로 해결할 수 있는 다양한 해결안을 개발하고 최선의 해결안을 선택하는 것이 필요하다.

ⓜ 실행 및 평가 : 해결안 개발을 통해 만들어진 실행계획을 실제 상황에 적용하는 활동으로 실행계획 수립 → 실행 → Follow-up의 절차로 진행된다.

예제 4

C사는 최근 국내 매출이 지속적으로 하락하고 있어 사내 분위기가 심상치 않다. 이에 대해 Y부장은 이 문제를 극복하고자 문제처리 팀을 구성하여 해결방안을 모색하도록 지시하였다. 문제처리 팀의 문제해결 절차를 올바른 순서로 나열한 것은?

① 문제 인식 → 원인 분석 → 해결안 개발 → 문제 도출 → 실행 및 평가
② 문제 도출 → 문제 인식 → 해결안 개발 → 원인 분석 → 실행 및 평가
③ 문제 인식 → 원인 분석 → 문제 도출 → 해결안 개발 → 실행 및 평가
④ 문제 인식 → 문제 도출 → 원인 분석 → 해결안 개발 → 실행 및 평가

출제의도

실제 업무 상황에서 문제가 일어났을 때 해결 절차를 알고 있는지를 측정하는 문항이다.

해 설

일반적인 문제해결절차는 '문제 인식 → 문제 도출 → 원인 분석 → 해결안 개발 → 실행 및 평가로 이루어진다.

답 ④

출제예상문제

1   다음은 A~D국의 유학비용을 항목별로 나타낸 자료이다. 평균 비용이 다섯 국가 중 가장 높은 항목이 한 항목도 없는 국가는 어디인가? (단, '합계'도 항목에 포함함)

구분	학비	숙박비	생활비	합계
A국	100~120만 원	70~90만 원	50~70만 원	220~280만 원
B국	100~120만 원	80~90만 원	30~60만 원	180~250만 원
C국	75~90만 원	40~70만 원	30~40만 원	145~200만 원
D국	130~170만 원	50~70만 원	40~70만 원	220~290만 원

① A국
② B국
③ C국
④ D국

✔ 해설   항목별 비용이 고정값이 아닌 구간으로 제시되어 있으므로 중앙값을 평균으로 보아야 한다. 각 국의 항목별 중앙값과 가장 높은 나라를 구하면 다음과 같다.

구분	학비	숙박비	생활비	합계
A국	110만 원	80만 원	60만 원	250만 원
B국	110만 원	85만 원	45만 원	215만 원
C국	82.5만 원	55만 원	35만 원	172.5만 원
D국	150만 원	60만 원	55만 원	255만 원

따라서 평균 비용이 다섯 국가 중 가장 높은 항목이 한 항목도 없는 국가는 C국이다.

Answer   1.③

2 다음 조건을 바탕으로 할 때 정 대리가 이번 달 중국 출장 출발일로 정하기에 가장 적절한 날은 언제인가? (전체 일정은 모두 이번 달 안에 속해 있으며, 이번 달은 31일까지 있다.)

> • 이번 달은 1일이 월요일인 달이다.
> • 3박 4일 일정이며 출발일과 도착일이 모두 휴일이 아니어야 한다.
> • 현지에서 복귀하는 비행편은 매주 화, 목요일에만 있다.
> • 이번 달 셋째 주 화요일에 있을 부서의 중요한 회의에 반드시 참석해야 하며, 회의 후에 출장을 가려 한다.

① 12일   ② 15일

③ 17일   ④ 22일

✔ 해설 날짜를 따져 보아야 하는 유형의 문제는 아래와 같이 달력을 그려서 살펴보면 어렵지 않게 정답을 구할 수 있다.

일	월	화	수	목	금	토
	1	2	3	4	5	6
7	8	9	10	11	12	13
14	15	16	17	18	19	20
21	22	23	24	25	26	27
28	29	30	31			

1일이 월요일이므로 정 대리는 위와 같은 달력에 해당하는 기간 중에 출장을 가려고 한다. 3박 4일 일정 중 출발과 도착일 모두 휴일이 아니어야 한다면 월~목요일, 화~금요일, 금~월요일 세 가지의 경우의 수가 생기는데, 현지에서 복귀하는 비행편이 화요일과 목요일이므로 월~목요일의 일정을 선택해야 한다. 회의가 셋째 주 화요일이라면 16일이므로 그 이후 가능한 월~목요일은 두 번이 있으나, 마지막 주의 경우 도착일이 다음 달로 넘어가게 되므로 조건에 부합되지 않는다. 따라서 출장 출발일로 적절한 날은 22일이며 일정은 22~25일이 된다.

3 어류 관련 회사에서 근무하는 H씨는 생선을 좋아해서 매일 갈치, 조기, 고등어 중 한 가지 생선을 구워 먹는다. 다음 12월 달력과 〈조건〉을 참고하여 〈보기〉에서 옳은 것을 모두 고른 것은?

12월						
일	월	화	수	목	금	토
			1	2	3	4
5	6	7	8	9	10	11
12	13	14	15	16	17	18
19	20	21	22	23	24	25
26	27	28	29	30	31	

〈조건〉
• 같은 생선을 연속해서 이틀 이상 먹을 수 없다.
• 매주 화요일은 갈치를 먹을 수 없다.
• 12월 17일은 조기를 먹어야 한다.
• 하루에 1마리의 생선만 먹어야 한다.

〈보기〉
㉠ 12월 한 달 동안 먹을 수 있는 조기는 최대 15마리이다.
㉡ 12월 한 달 동안 먹을 수 있는 갈치는 최대 14마리이다.
㉢ 12월 6일에 조기를 먹어야 한다는 조건이 추가된다면 12월 한 달 동안 갈치, 조기, 고등어를 1마리 이상씩 먹는다.

① ㉠
② ㉡
③ ㉡㉢
④ ㉠㉢

✔해설 ㉠ 12월 17일에 조기를 먹어야 한다고 했고, 이틀 연속으로 같은 생선을 먹을 수 없으므로 홀수일에 조기를 먹고 짝수일에 갈치나 고등어를 먹으면 되므로 최대로 먹을 수 있는 조기는 16마리이다.
㉡ 매주 화요일에 갈치를 먹을 수 없다고 했으므로 6일 월요일에 갈치를 먹는다고 가정하면 2일, 4일, 6일, 8일, 10일, 12일, 15일, 18일, 20일, 22일, 24일, 26일, 29일, 31일로 먹으면 되므로 14마리이다.
㉢ 6일에 조기를 먹어야 하므로 2일, 4일, 6일, 8일, 10일, 12일, 14일까지 먹으면 17일날 조기를 먹어야 하므로 15일과 16일은 다른 생선을 먹어야 한다. 15일, 16일에 갈치나 고등어를 먹으면 되므로 12월 한달 동안 갈치, 조기, 고등어를 1마리 이상씩 먹게 된다.

Answer 2.④ 3.③

4 G회사에 근무하는 박과장과 김과장은 점심시간을 이용해 과녁 맞추기를 하였다. 다음 〈조건〉에 근거하여 〈점수표〉의 빈칸을 채울 때 박과장과 김과장의 최종점수가 될 수 있는 것은?

〈조건〉
• 과녁에는 0점, 3점, 5점이 그려져 있다.
• 박과장과 김과장은 각각 10개의 화살을 쏘았고, 0점을 맞힌 화살의 개수만 〈점수표〉에 기록이 되어 있다.
• 최종 점수는 각 화살이 맞힌 점수의 합으로 한다.
• 박과장과 김과장이 쏜 화살 중에는 과녁 밖으로 날아간 화살은 없다.
• 박과장과 김과장이 5점을 맞힌 화살의 개수는 동일하다.

〈점수표〉

점수	박과장의 화살 수	김과장의 화살 수
0점	3	2
3점		
5점		

	박과장의 최종점수	김과장의 최종점수
①	25	29
②	26	29
③	27	30
④	28	30

해설 5점을 맞힌 화살의 개수가 동일하다고 했으므로 5점의 개수에 따라 점수를 정리하면 다음과 같다.

	1개	2개	3개	4개	5개	6개	7개
박과장	5+18=23	10+15=25	15+12=27	20+9=29	25+6=31	30+3=33	35+0=35
김과장	5+21=26	10+18=28	15+15=30	20+12=32	25+9=34	30+6=36	35+3=38

5   O회사에 근무하고 있는 채과장은 거래 업체를 선정하고자 한다. 업체별 현황과 평기기준이 다음과 같을 때, 선정되는 업체는?

〈업체별 현황〉

국가명	시장매력도	정보화수준	접근가능성
	시장규모(억 원)	정보화순위	수출액(백만 원)
A업체	550	106	9,103
B업체	333	62	2,459
C업체	315	91	2,597
D업체	1,706	95	2,777

〈평가기준〉

- 업체별 종합점수는 시장매력도(30점 만점), 정보화수준(30점 만점), 접근가능성(40점 만점)의 합계 (100점 만점)로 구하며, 종합점수가 가장 높은 업체가 선정된다.
- 시장매력도 점수는 시장매력도가 가장 높은 업체에 30점, 가장 낮은 업체에 0점, 그 밖의 모든 업체에 15점을 부여한다. 시장규모가 클수록 시장매력도가 높다.
- 정보화수준 점수는 정보화순위가 가장 높은 업체에 30점, 가장 낮은 업체에 0점, 그 밖의 모든 업체에 15점을 부여한다.
- 접근가능성 점수는 접근가능성이 가장 높은 업체에 40점, 가장 낮은 업체에 0점, 그 밖의 모든 국가에 20점을 부여한다. 수출액이 클수록 접근가능성이 높다.

① A
② B
③ C
④ D

✅해설   업체별 평가기준에 따른 점수는 다음과 같으며 D업체가 65점으로 선정된다.

	시장매력도	정보화수준	접근가능성	합계
A	15	0	40	55
B	15	30	0	45
C	0	15	20	35
D	30	15	20	65

Answer   4.③ 5.④

6 다음은 공공기관을 구분하는 기준이다. 다음 기준에 따라 각 기관을 구분한 결과가 옳지 않은 것은?

〈공공기관의 구분〉

제00조 제1항
공공기관을 공기업·준정부기관과 기타공공기관으로 구분하여 지정한다. 직원 정원이 50인 이상인 공공기관은 공기업 또는 준정부기관으로, 그 외에는 기타공공기관으로 지정한다.

제00조 제2항
제1항의 규정에 따라 공기업과 준정부기관을 지정하는 경우 자체수입액이 총수입액의 2분의 1 이상인 기관은 공기업으로, 그 외에는 준정부기관으로 지정한다.

제00조 제3항
제1항 및 제2항의 규정에 따른 공기업을 다음의 구분에 따라 세분하여 지정한다.
• 시장형 공기업 : 자산규모가 2조 원 이상이고, 총 수입액 중 자체수입액이 100분의 85 이상인 공기업
• 준시장형 공기업 : 시장형 공기업이 아닌 공기업

〈공공기관의 현황〉

공공기관	직원 정원	자산규모	자체수입비율
A	70명	4조 원	90%
B	45명	2조 원	50%
C	65명	1조 원	55%
D	60명	1.5조 원	45%

※ 자체수입비율 : 총 수입액 대비 자체수입액 비율

---

① A – 시장형 공기업
② B – 기타공공기관
③ C – 준정부기관
④ D – 준정부기관

> ✔해설 ③ C는 정원이 50명이 넘으므로 기타공공기관이 아니며, 자체수입비율이 55%이므로 자체수입액이 총수입액의 2분의 1 이상이기 때문에 공기업이다. 시장형 공기업 조건에 해당하지 않으므로 C는 준시장형 공기업이다.

7 다음 조건에 따라 가영, 세경, 봉숙, 혜진, 분이 5명의 자리를 배정하려고 할 때 1번에 앉는 사람은 누구인가?

- 친한 사람끼리는 바로 옆자리에 배정해야 하고, 친하지 않은 사람끼리는 바로 옆자리에 배정해서는 안 된다.
- 봉숙이와 세경이는 서로 친하지 않다.
- 가영이와 세경이는 서로 친하다.
- 가영이와 봉숙이는 서로 친하다.
- 분이와 봉숙이는 서로 친하지 않다.
- 혜진이는 분이와 친하며, 5번 자리에 앉아야 한다.

1	2	3	4	5
( )	( )	( )	( )	혜진

① 가영
② 세경
③ 봉숙
④ 분이

✅ **해설** 조건에 따라 배정한 결과는 다음과 같으며 1번 자리는 봉숙이가 앉게 된다.

1	2	3	4	5
봉숙	가영	세경	분이	혜진

8   다음 조건에 따를 때, 선정이의 병명은 무엇인가?

> 소윤, 홍미, 효진, 선정이가 처방전을 가지고 약국을 방문하였는데, 처방전을 받아 A~D의 약을 조제한 약사는 처방전을 잃어버리고 말았다.
> • 약국을 방문한 4명의 병명은 감기, 배탈, 치통, 위염이었다.
> • 홍미의 처방전은 B에 해당하는 것이었고, 그녀는 감기나 배탈 환자가 아니었다.
> • A는 배탈 환자에 사용되는 약이 아니다.
> • D는 위염에 사용되는 약이 포함되어 있다.
> • 소윤이는 임신을 한 상태이고, A와 D에는 임산부가 먹으면 안 되는 약이 포함되어 있다.
> • 효진이는 감기 환자가 아니었다.

① 감기   ② 배탈
③ 치통   ④ 위염

 해설

	소윤	홍미	효진	선정
감기(A)	×	×	×	○
배탈(C)	○	×	×	×
치통(B)	×	○	×	×
위염(D)	×	×	○	×

건폐율이란 대지에 건축물의 그림자가 덮고 있는 비율을 의미한다. 그러나 건폐율로는 건축물의 평면적인 규모를 가늠할 수 있을 뿐 전체 건축물의 면적(연면적)이나 층수 등의 입체적인 규모는 알 수 없다. 건축물의 입체적인 규모를 가늠할 수 있는 것은 용적률이다. 건폐율과 용적률의 최대 허용치는 토지의 용도지역에 따라 다음과 같은 기준이 적용된다.

용도지역구분			건폐율	용적률
도시지역	일반주거지역	제1종	60% 이하	100%~200%
		제2종		150%~250%
		제3종	50% 이하	200%~300%
	준주거지역		70% 이하	200%~500%
	상업지역	중심상업지역	90% 이하	400%~1,500%
		일반상업지역	80% 이하	300%~1,300%
		근린상업지역	70% 이하	200%~900%
		유통상업지역	80% 이하	200%~1,100%

※ 건폐율 = 건축면적 ÷ 대지면적 × 100

※ 용적률 = 지상층 연면적 ÷ 대지면적 × 100

9   A씨는 자신이 소유한 대지에 건물을 지으려고 한다. 대지의 면적이 다음 그림과 같을 때, 허용된 최대 건폐율과 용적률을 적용하여 건물을 짓는다면 건물 한 층의 면적과 층수는 각각 얼마인가? (단, 주차장 및 지하 공간 등은 고려하지 않는다.)

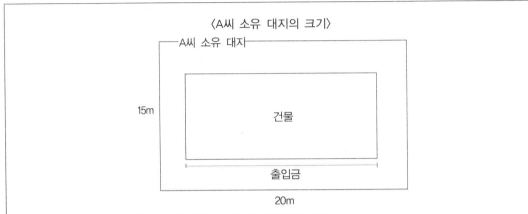

〈A씨 소유 대지의 크기〉

- A씨는 '출입문' 쪽 건물 면의 길이를 18m로 유지하고자 한다.
- A씨의 대지는 제2종 일반주거지역에 속하며, 대지 주변 도로의 폭은 규정된 너비를 확보한 상태라고 가정한다.

① 150㎡, 4층   ② 180㎡, 5층

③ 180㎡, 4층   ④ 150㎡, 5층

✔해설 A씨 소유 대지의 면적은 15 × 20 = 300㎡이며, 제2종 일반주거지역이므로 최대 60%의 건폐율과 250%의 용적률이 적용된다. 건물의 한 면 길이가 18m로 주어져 있으므로 나머지 한 면의 길이를 x라 할 때, 제시된 산식에 의하여 건폐율 $60 \geq (18 \times x) \div 300 \times 100$이 되므로 $x \geq 10$이다. 따라서 A씨는 최대 18m × 10m의 건축물을 지을 수 있으므로 건축물의 면적은 180㎡가 된다.
다음으로 지상층 연면적을 y라고 할 때, 용적률 산식에 대입해 보면 $250 \geq y \div 300 \times 100$이므로 $y \geq 750$이다. 따라서 750 ÷ 180 = 4.1666…이므로 최대 층수는 4층이 된다.

10   다음 중 A씨가 소유한 대지 내에 지을 수 있는 건축물의 면적과 층수가 아닌 것은 어느 것인가?

① 100㎡, 7층   ② 140㎡, 6층

③ 150㎡, 5층   ④ 170㎡, 3층

✔해설 건폐율과 용적률의 범위를 벗어나는 건축물의 면적과 층수를 찾으면 된다. 제시된 보기의 면적이 모두 허용 최대 건폐율인 60%(180㎡)를 충족하고 있다. 따라서 최대 허용 용적률에 의해 연면적이 750㎡를 초과하지 않아야 하므로 보기 ②가 정답이 된다.

┃11~12┃ S사와 H사는 신제품을 공동개발하여 판매한 총 순이익을 다음과 같은 기준으로 분배하기로 합의하였다. 합의한 기준 및 비용과 순이익이 다음과 같을 때, 물음에 답하시오.

〈분배기준〉
㉠ S사와 H사는 총 순이익에서 각 회사의 제조원가의 5%에 해당하는 금액을 우선 각자 분배받는다(우선분배).
㉡ 총 순이익에서 ㉠의 금액을 제외한 나머지 금액에 대한 분배기준은 연구개발비, 판매관리비, 광고홍보비 중 각 회사에서 가장 많이 든 비용과 가장 적게 든 두 비용의 합으로 결정하며 이 두 비용의 합에 비례하여 분배액을 정하기로 한다(나중분배).

〈비용과 순이익〉

(단위 : 억 원)

구분	S사	H사
제조원가	200	600
연구개발비	100	300
판매관리비	200	200
광고홍보비	250	150
총 순이익	200	

11 다음 중 옳지 않은 것은?

① S사의 분배기준은 연구개발비와 광고홍보비가 된다.

② S사와 H사의 총 순이익분배비는 2 : 3이 된다.

③ 우선분배금액은 H사가 많지만 총 분배금액은 S사가 더 많다.

④ 나중분배의 분배기준을 연구개발비, 판매관리비, 광고홍보비의 합으로 수정한다면 S사에게 이득이다.

✔**해설** ㉠ 우선분배
S사 : 200억 원×0.05=10억 원
H사 : 600억 원×0.05=30억 원
㉡ 나중분배[200−40(우선분배금)=160억 원]
S사 : 연구개발비+광고홍보비=100억 원+250억 원=350억 원
H사 : 연구개발비+광고홍보비=300억 원+150억 원=450억 원
→ 나중분배는 7 : 9로 나누어야 하므로 S사는 70억 원, H사는 90억 원을 분배받게 된다.
∴ S사는 총 80억 원, H사는 120억 원을 분배받는다.

Answer 9.③ 10.② 11.③

12 S사와 H사 모두 판매관리비를 50억 원 감축했는데도 불구하고 순 이익이 이전과 같았다면 다음 중 맞는 설명은?

① S사의 총 이익분배금이 증가한다.

② H사의 총 이익분배금이 증가한다.

③ 두 회사의 총 이익분배금이 같다.

④ 두 회사의 총 이익분배금이 이전과 변화가 없다.

> ✔해설 판매관리비가 각 50억 원씩 감축되어도 나중분배를 위한 분배기준이 변화하지 않는다. 순 이익도 이전과 같았으므로 두 회사의 총 이익분배금이 이전과 변화가 없다.

13 ○○교육에 다니는 甲은 학술지에 실린 국가별 대학 진학률 관련 자료가 훼손된 것을 발견하였다. ㉠~㉙까지가 명확하지 않은 상황에서 〈보기〉의 내용만을 가지고 그 내용을 추론한다고 할 때, 바르게 나열된 것은?

㉠	㉡	㉢	㉣	㉤	㉥	㉙	평균
68%	47%	46%	37%	28%	27%	25%	39.7%

〈보기〉
㈎ 스웨덴, 미국, 한국은 평균보다 높은 진학률이다.
㈏ 가장 높은 진학률 국가의 절반에 못 미치는 진학률을 보인 나라는 칠레, 멕시코, 독일이다.
㈐ 한국과 멕시코의 진학률의 합은 스웨덴과 칠레의 진학률의 합보다 20%p 많다.
㈑ 일본보다 진학률이 높은 국가의 수와 낮은 국가의 수는 동일하다.

---

① 미국 – 한국 – 스웨덴 – 일본 – 멕시코 – 독일 – 칠레

② 스웨덴 – 미국 – 한국 – 일본 – 칠레 – 멕시코 – 독일

③ 한국 – 미국 – 스웨덴 – 일본 – 독일 – 칠레 – 멕시코

④ 한국 – 스웨덴 – 미국 – 일본 – 독일 – 멕시코 – 칠레

> ✔해설 • ㈑를 통해 일본은 ㉠~㉙의 일곱 국가 중 4번째인 ㉣에 위치한다는 것을 알 수 있다.
> • ㈎와 ㈏를 근거로 ㉠~㉢은 스웨덴, 미국, 한국이, ㉤~㉙은 칠레, 멕시코, 독일이 해당된다는 것을 알 수 있다.
> • ㈐에서 20%p의 차이가 날 수 있으려면, 한국은 ㉠이 되어야 한다. ㉠이 한국이라고 할 때, 일본을 제외한 ㉡, ㉢, ㉤, ㉥, ㉙ 국가의 조합으로 20%p의 차이가 나는 조합을 찾으면, (68 + 25)와 (46 + 27)뿐이다. 따라서 ㉢은 스웨덴, ㉥은 칠레, ㉙은 멕시코임을 알 수 있다.
> • ㈎와 ㈏에 의하여 남은 ㉡은 미국, ㉤은 독일이 된다.

14 무역업을 하는 D사가 자사의 경영 환경을 다음과 같이 파악하였을 경우, D사가 취할 수 있는 ST 전략으로 가장 적절한 것은 어느 것인가?

> 우리는 급속도로 출현하는 경쟁자들에게 단기간에 시장점유율 20% 이상 잠식당한 상태이다. 더군다나 우리 제품의 주 구매처인 미국 S사로 물품을 수출하기에는 갈수록 무역규제와 제도적 장치가 불리하게 작용하고 있다. 침체된 경기는 언제 되살아날지 전망조차 하기 힘들다. 시장 자체의 성장 속도는 매우 빨라 새로운 고객군도 가파르게 등장하고 있지만 그만큼 우리의 생산 설비도 노후화되어 가고 있으며 종업원들의 고령화 또한 문제점으로 지적되고 있다. S사와의 거래만 지속적으로 유지된다면 우리 경영진의 우수한 역량과 다년간의 경험을 바탕으로 안정적인 거래 채널을 유지할 수 있지만 이는 우리의 연구 개발이 지속적으로 이루어져야 가능한 일이며, 지금과 같이 수익성이 악화 일로로 치닫는 상황에서는 기대하기 어려운 요인으로 지목된다. 우리가 보유한 독점적 기술력과 직원들의 열정만 믿고 낙관적인 기대를 하기에는 시장 상황이 녹록치 않은 것이 냉정한 현실이다.

① 안정적인 공급채널로 수익성 저하를 만회하기 위해 노력한다.

② 새로운 고객군의 등장을 계기로 시장점유율을 극대화할 수 있는 방안을 도출해 본다.

③ 독점 기술과 경영진의 경험을 바탕으로 자사에 불리한 규제를 벗어날 수 있는 새로운 영역을 창출한다.

④ 우수한 경영진의 역량을 통해 직원들의 업무 열정을 제고하여 종업원의 고령화 문제를 해결한다.

> **✓ 해설** 제시된 글을 통해 알 수 있는 D사의 SWOT 요인은 다음과 같다.
> • S : 경영진의 우수한 역량과 다년간의 경험, 안정적인 거래 채널, 독점적 기술력, 직원들의 열정
> • W : 생산설비 노후화, 종업원들의 고령화, 더딘 연구 개발, 수익성 악화
> • O : 시장의 빠른 성장 속도, 새로운 고객군 등장
> • T : 급속도로 출현하는 경쟁자, 시장점유율 하락, 불리한 무역규제와 제도적 장치, 경기 침체
> ST 전략은 외부 환경의 위협을 회피하기 위해 강점을 사용하는 전략이다. 따라서 외부의 위협 요인인 '자사에 불리한 규제'를 벗어날 수 있는 새로운 영역을 자사의 강점인 '독점 기술과 경영진의 경험'으로 창출하는 ③이 적절한 ST 전략이라고 볼 수 있다.

▌15~17 ▌ 다음 지문을 읽고 주어진 질문의 답을 고르시오.

당신은 사내교육을 마치고 배치를 받은 신입사원으로 외근을 하며 들러야 할 지점은 다음과 같다. 금일 내로 아래 목록의 업체에 모두 방문해야 하는데 교통수단으로는 지하철을 타고 이동하고, 지하철로 한 정거장을 이동할 때는 3분이 소요된다. 환승할 경우 환승하는 시간은 10분이다. 또한 한 정거장을 이동할 때마다 요금은 1,000원이 소요되고 환승할 경우 추가 요금은 없다.

• 방문할 업체
 a. 인쇄소
    주소 : 대구광역시 중구 중앙대로 429
    연락처 : 0700-xxxx
 b. 마트
    주소 : 대구광역시 북구 매천로 179
    연락처 : 053-144-xxxx
 c. 출판사
    주소 : 대구광역시 수성구 만촌동 1040-44
    연락처 : 053-764-xxxx
 d. 증권사
    주소 : 대구광역시 동구 신천동 503-1
    연락처 : 053-315-xxxx
 e. 연구소
    주소 : 대구광역시 달서구 이곡동 1220-27
    연락처 : 053-594-xxxx
 f. 본사
    주소 : 대구광역시 동구 율하동 1117
    연락처 : 053-690-xxxx

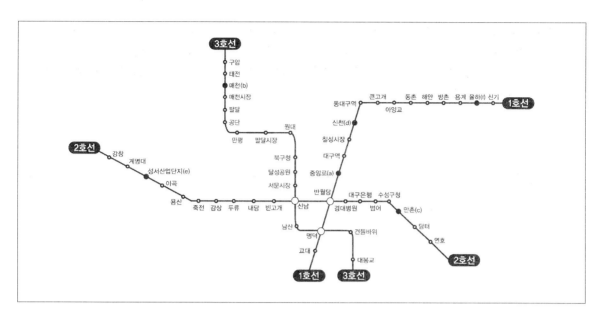

15 당신은 동대구역에서 9시 30분에 출발하여 먼저 f 본사에 들러 서류를 받은 후 e 연구소에 전달해야 한다. 이동마다 소요시간을 고려할 때 가장 효율적으로 이동할 수 있는 순서를 고르시오.

① f-e-a-d-c-b
② f-e-b-d-c-a
③ f-e-b-c-d-a
④ f-e-a-c-d-b

해설 f 본사에 가서 서류를 받아야 하므로 f 본사와 e 연구소를 먼저 방문한다. 그리고 다음으로 가장 효율적으로 이동하기 위해서는 이동하는 거리 상 가까운 곳을 우선적으로 알아봐야 하는데 주어진 지하철 노선 상으로도 알 수 있듯이 ③ b-c-d-a는 가장 먼 거리로 이동하기 때문에 비효율적인 방법이다. 따라서 e에서 a로 이동하여 a에서 d로 이동한 다음 d에서 c로 이동하고 마지막으로 c에서 b로 이동하는 것이 가장 효율적인 방법이라 할 수 있다.

16 두류역에서부터 반월당역까지 사고로 인하여 2호선으로 해당구간 이동이 불가능한 상황이다. 그런데 b 마트에 방문하여 인쇄할 원본을 받아서 a 인쇄소로 이동하였다가, 인쇄물을 보고 c 출판사에서 수정방향을 검토하기로 했다. b에서 출발하여 c에서 퇴근한다면, 이 구간을 이동할 때 최소 몇 분이 소요되겠는가?

① 80분   ② 81분

③ 82분   ④ 83분

✔해설 b-a-c로 이동하는데, b에서 a구역 중 반월당역은 왕복하게 되므로 편도로 계산한 후 따로 3분을 더해주고 이어 c로 이동하는 구간을 계산하면 된다.
(14개의 정거장×3분+3분)+5개의 정거장×3분+2번의 환승×10분=80분이다.

17 당신이 b 마트에서 출발하여 a 인쇄소를 거쳐 c 출판사에서 퇴근할 경우 지하철 비용은 최소 얼마인가? (단, 전 구간 이동이 가능하다)

① 15,000원   ② 16,000원

③ 17,000원   ④ 18,000원

✔해설 총 18개의 정거장을 거쳐야 하므로 18×1,000원=18,000원이다.

18 작업 A부터 작업 E까지 모두 완료해야 끝나는 업무에 대한 조건이 다음과 같을 때 옳지 않은 것은? (단, 모든 작업은 동일 작업장 내에서 행하여진다)

ⓐ 작업 A는 4명의 인원과 10일의 기간이 소요된다.

ⓑ 작업 B는 2명의 인원과 20일의 기간이 소요되며, 작업 A가 끝난 후에 시작할 수 있다.

ⓒ 작업 C는 4명의 인원과 50일의 기간이 소요된다.

ⓓ 작업 D와 E는 각 작업당 2명의 인원과 20일의 기간이 소요되며, 작업 E는 작업 D가 끝난 후에 시작할 수 있다.

ⓔ 모든 인력은 작업 A~E까지 모두 동원될 수 있으며 생산력은 모두 같다.

ⓕ 인건비는 1인당 1일 10만 원이다.

ⓖ 작업장 사용료는 1일 50만 원이다.

---

① 업무를 가장 빨리 끝낼 수 있는 최단 기간은 50일이다.

② 최단 기간에 업무를 끝내기 위해 필요한 최소 인력은 10명이다.

③ 작업 가능한 인력이 4명뿐이라면 업무를 끝낼 수 있는 기간은 100일이다.

④ 모든 작업을 끝내는데 드는 최소 비용은 6,100만 원이다.

✅**해설** ② 최단 기간에 업무를 끝내기 위해 필요한 최소 인력은 8명이다.

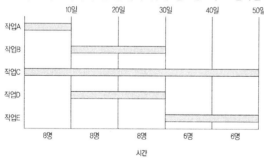

작업장 사용료 : 50일×50만 원=2,500만 원

인건비 : {(8인×30일)+(6인×20일)}×10만 원=3,600만 원

▌19~20 ▌S공사는 창립 10주년을 기념하기 위하여 A센터 공연장에서 창립기념 행사와 함께 사내 음악회를 대대적으로 열고자 한다. 다음은 행사 진행 담당자인 총무팀 조 대리가 A센터로부터 받은 공연장의 시설 사용료 규정이다. 이를 보고 이어지는 물음에 답하시오.

〈기본시설 사용료〉

시설명	사용목적	사용기준	사용료(원)		비고
			대공연장	아트 홀	
공연장	대중음악 일반행사 기타	오전 1회 (09:00-12:00)	800,000	120,000	1. 토요일 및 공휴일은 30% 가산 2. 미리 공연을 위한 무대 설치 후 본 공연(행사)까지 시설사용을 하지 않을 경우, 2시간 기준 본 공연 기본 사용료의 30% 징수 3. 1회당 시간 초과 시 시간당 대공연장 100,000원, 아트 홀 30,000원 징수 4. 대관료 감면 대상 공연 시 사용료 중 전기·수도료는 감면혜택 없음
		오후 1회 (13:00-17:00)	900,000	170,000	
		야간 1회 (18:00-22:00)	950,000	190,000	
	클래식 연주회 연극 무용 창극 뮤지컬 오페라 등	오전 1회 (09:00-12:00)	750,000	90,000	
		오후 1회 (13:00-17:00)	800,000	140,000	
		야간 1회 (18:00-22:00)	850,000	160,000	
전시실	전시 (1층 및 2층)	1일 (10:00-18:00)	150,000		※ 1일 : 8시간 기준(전기·수도료 포함)이며, 토요일 및 공휴일 사용료는 공연장과 동일 규정 적용

19 조 대리가 총무팀장에게 시설 사용료 규정에 대하여 보고한 다음 내용 중 규정을 올바르게 이해하지 못한 것은 어느 것인가?

① "공연 내용에 따라 사용료가 조금 차이가 나고요, 공연을 늦은 시간에 할수록 사용료가 비쌉니다."

② "전시장은 2개 층으로 구분되어 있습니다. 아무래도 가족들을 위한 공간이 될 거라서 그런지 오후 6시까지만 전시가 가능합니다."

③ "전시실을 토요일에 사용하게 된다면 하루에 8시간 사용이 가능하며 사용료가 195,000원이네요."

④ "아무래도 오후에 대공연장에서 열리는 창립기념행사가 가장 중요한 일정일 테니 아침 9시쯤부터 무대 장치를 준비해야겠어요. 2시간이면 준비가 될 거고요, 사용료 견적은 평일이니까 900,000원으로 받았습니다.

✔해설 오전 9시부터 2시간 무대 준비를 하고 나면, 본 행사까지 2시간 동안 시설 사용 없이 대기하여야 하므로 본 공연 기본 사용료의 30%가 추가 징수된다. 따라서 900,000원에 270,000원이 추가되어야 한다.
① 공연 종류별 사용료가 다르며, 오전보다 오후, 오후보다 야간의 사용료가 더 비싸다.
② 1층과 2층이며, 10:00~18:00까지로 명시되어 있다.
③ 토요일은 30% 가산되므로 150,000 × 1.3 = 195,000원이 된다.

20 조 대리의 보고를 받은 총무팀장은 다음과 같은 지시사항을 전달하였다. 다음 중 팀장의 지시를 받은 조 대리가 판단한 내용으로 적절하지 않은 것은 어느 것인가?

> "조 대리, 이번 행사는 전 임직원뿐 아니라 외부에서 귀한 분들도 많이 참석을 하게 되니까 준비를 잘 해야 되네. 이틀간 진행될 거고 금요일은 임직원들 위주, 토요일은 가족들과 외부 인사들이 많이 방문할 거야. 금요일엔 창립기념행사가 오후에 있을 거고, 업무 시간 이후 저녁엔 사내 연극 동아리에서 준비한 멋진 공연이 있을 거야. 연극 공연은 조그만 홀에서 진행해도 될 걸세. 그리고 창립기념행사 후에 우수 직원 표창이 좀 길어질 수도 있으니 아예 1시간 정도 더 예약을 해 두게.
> 토요일은 임직원 가족들 사진전이 있을 테니 1개 층에서 전시가 될 수 있도록 준비해 주고, 홍보팀 클래식 기타 연주회가 야간 시간으로 일정이 확정되었으니 그것도 조그만 홀로 미리 예약을 해 두어야 하네."

① '전시를 1개 층만 사용하면 혹시 전시실 사용료가 감액되는지 물어봐야겠군.'

② '와우, 총 시설 사용료가 200만 원을 훌쩍 넘겠군.'

③ '토요일 사진전엔 아이들도 많이 올 텐데 전기 · 수도료를 따로 받지 않으니 그건 좀 낫군.'

④ '사진전 시설 사용료가 연극 동아리 공연 시설 사용료보다 조금 더 비싸군.'

✔해설 요일별 총 사용료를 계산해 보면 다음과 같다.
- 금요일 : 창립기념식(대공연장, 오후, 일반행사, 1시간 연장) 90 + 10 = 100만 원
  연극 공연(아트 홀, 야간) 16만 원
- 토요일 : 사진전(전시실, 토요일 30% 가산) 19.5만 원
  클래식 기타 연주회(아트 홀, 야간, 토요일 30% 가산) 20.8만 원
총 합계 : 100 + 16 + 19.5 + 20.8 = 156.3만 원이 된다.
① 전시를 1개 층에서만 한다고 했으므로 적절한 의문 사항이라고 볼 수 있다.
③ 전시실 사용료에는 전기 · 수도료가 포함되어 있다고 명시되어 있다.
④ 사진전은 가산금 포함하여 19.5만 원, 연극 공연은 16만 원의 시설 사용료가 발생한다.

21 아래에 제시된 글을 읽고 문제해결과정 중 어느 단계에 해당하는 것인지를 고르면?

> T사는 1950년대 이후 세계적인 자동차 생산 회사로서의 자리를 지켜 왔다. 그러나 최근 T사의 자동차 생산라인에서 문제가 발생하고 있었는데, 이 문제는 자동차 문에서 나타난 멍 자국이었다. 문을 어느 쪽에서 보는가에 따라 다르기는 하지만, 이 멍 자국은 눌린 것이거나 문을 만드는 과정에서 생긴 것 같았다.
>
> 문을 만들 때는 평평한 금속을 곡선으로 만들기 위해 강력한 프레스기에 넣고 누르게 되는데, 그때 표면이 올라 온 것처럼 보였다. 실제적으로 아주 작은 먼지나 미세한 입자 같은 것도 프레스기 안에 들어가면 문짝의 표면에 자국을 남길 수 있을 것으로 추정되었다.
>
> 그러던 어느 날 공장의 공장장인 A는 생산라인 담당자 B로 부터 다음과 같은 푸념을 듣게 되었다. "저는 매일 같이 문짝 때문에 재작업을 하느라 억만금이 들어간다고 말하는 재정 담당 사람들이나, 이 멍 자국이 어떻게 해서 진열대까지 올라가면 고객들을 열 받게 해서 다 쫓아 버린다고 말하는 마케팅 직원들과 싸우고 있어요." 처음에 A는 이 말을 듣고도 '멍 자국이 무슨 문제가 되겠어?'라고 별로 신경을 쓰지 않았다.
>
> 그러나 자기 감독 하에 있는 프레스기에서 나오는 멍 자국의 수가 점점 증가하고 있다는 것을 알게 되었고, 그것 때문에 페인트 작업이나 조립 공정이 점점 늦어짐으로써 회사에 막대한 추가 비용과 시간이 든다는 문제를 깨닫게 되었다.

① 문제에 대한 실행 및 평가 단계

② 문제해결안 단계

③ 문제처리 단계

④ 문제인식 단계

> ✔해설 제시된 글은 문제해결과정 중 문제인식 단계에서 중요성에 대해 말하고 있다. 사례에서 A공장장은 처음에 문제를 인식하지 못하다가 상황이 점점 악화되자 문제가 있다는 것을 알게 되었다. 만약 A공장장이 초기에 문제의 상황을 인식하였다면, 초기에 적절하게 대처함으로써 비용과 시간의 소비를 최소화할 수 있었을 것이다. 결국 문제인식은 해결해야 할 전체 문제를 파악하고, 문제에 대한 목표를 명확히 하는 활동임을 알 수 있다.

Answer 20.② 21.④

22 ○○기관 가, 나, 다, 라 직원 4명은 둥그런 탁자에 둘러앉아 인턴사원 교육 관련 회의를 진행하고 있다. 직원들은 각자 인턴 A, B, C, D를 한 명씩 맡아 교육하고 있다. 아래에 제시된 조건에 따라, 직원과 인턴이 알맞게 짝지어진 한 쌍은?

> • B 인턴을 맡고 있는 직원은 다 직원의 왼편에 앉아 있다.
> • A 인턴을 맡고 있는 직원 맞은편에는 B 인턴을 맡고 있는 직원이 앉아 있다.
> • 라 직원은 다 직원 옆에 앉아 있지 않으나, A 인턴을 맡고 있는 직원 옆에 앉아 있다.
> • 나 직원은 가 직원 맞은편에 앉아 있으며, 나 직원의 오른편에는 라 직원이 앉아 있다.
> • 시계 6시 방향에는 다 직원이 앉아있으며, 맞은편에는 D 인턴을 맡고 있는 사원이 있다.

① 가 직원 – A 인턴　　　　　② 나 직원 – D 인턴

③ 라 직원 – A 인턴　　　　　④ 다 직원 – C 인턴

✔해설　둥그런 탁자에 직원과 인턴사원이 한 명씩 짝을 지어 앉아 있는 경우를 가정하고 제시된 조건을 하나씩 적용해 나가면 다음과 같다.

• B 인턴을 맡고 있는 직원은 다 직원의 왼편에 앉아 있다. → 우선 B 인턴의 자리를 임의로 정한다. 조건에서 B 인턴을 맡고 있는 직원이 다 직원의 왼편에 앉아 있다고 하였으므로, 다 직원은 B 인턴을 맡고 있는 직원의 오른편에 앉아 있음을 알 수 있다.

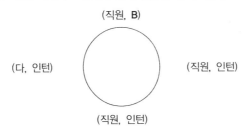

• A 인턴을 맡고 있는 직원 맞은편에는 B 인턴을 맡고 있는 직원이 앉아 있다. → A 인턴의 자리는 B 인턴의 맞은편이 된다.

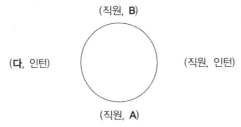

• 라 직원은 다 직원 옆에 앉아 있지 않으나, A 인턴을 맡고 있는 직원 옆에 앉아 있다. → 다 직원 옆이 아니면서 A 인턴을 맡고 있는 직원 옆이 라 직원의 자리이다.

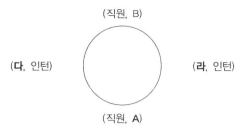

• 나 직원은 가 직원 맞은편에 앉아 있으며, 나 직원의 오른편에는 라 직원이 앉아 있다. → 나 직원의 오른편에는 라 직원이 앉아 있다고 하였으므로, 나 직원의 자리는 라 직원의 왼편이고 남은 자리가 가 직원의 자리가 된다. 여기서 직원 4명의 자리가 모두 결정된다.

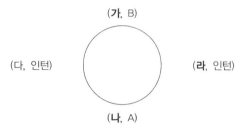

• 시계 6시 방향에는 다 직원이 앉아있으며, 맞은편에는 D 인턴을 맡고 있는 사원이 있다. → 시계 6시 방향에 다 직원이 앉아있다는 조건에 따라 위에서 임의로 정한 위치를 수정하고(참고로 이 조건을 먼저 고려하여 자리를 배치해 나간다면 위치를 수정하는 과정 없이 빠르게 문제를 해결할 수 있다), 다 직원의 맞은편에 D 인턴을 배치하면 C 인턴의 자리는 자연스럽게 남은 한 자리가 된다. 여기서 직원과 인턴사원 8명의 자리가 모두 정해진다.

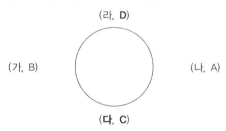

23 원서기업의 자재관리팀에서 근무 중인 직원 진수는 회사 행사 때 사용할 배너를 제작하는 업무를 맡아 이를 진행하려고 한다. 배너와 관련된 정보가 아래와 같을 때 배너를 설치하는데 필요한 총 비용은 얼마인가?

- 다음은 행사 장소를 나타낸 지도이다.

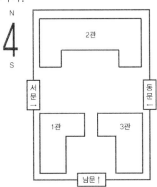

- 행사 장소 : 본 건물 2관

- 배너 설치비용(배너 제작비+배너 거치대)
- 배너 제작비용 : 일반배너 한 장당 25,000원, 고급배너 한 장당 30,000원
- 배너 거치대 : 건물 내부용 20,000원, 건물 외부용 25,000원

---

(1) 배너를 설치하는 장소 : 동문 · 서문 · 남문 앞에 각 1장, 2관 내부에 2장
(2) 사장님 특별 지시사항 : 실외용은 모두 고급 배너를 사용할 것

① 250,000원　　　　　　② 255,000원
③ 260,000원　　　　　　④ 265,000원

✔️ **해설** 동문 · 서문 · 남문 앞에 설치하는 배너는 실외용이고 고급배너를 사용하므로
(25,000+30,000)×3=165,000원이고, 2관 내부에 설치하는 배너는 실내용이고 일반배너를 사용하므로
(20,000+25,000)×2=90,000원이므로 165,000+90,000=255,000(원)이다.

24 화재조사반원인 K는 20xx년 12월 25일 발생한 총 6건의 화재에 대하여 보고서를 작성하고 있다. 화재 발생 순서에 대한 타임라인이 다음과 같을 때, 세 번째로 발생한 화재는? (단, 동시에 발생한 화재는 없다)

㉠ 화재 C는 네 번째로 발생하였다.
㉡ 화재 A는 화재 E보다 먼저 발생하였다.
㉢ 화재 B는 화재 A보다 먼저 발생하였다.
㉣ 화재 E는 가장 나중에 발생하지 않았다.
㉤ 화재 F는 화재 B보다 나중에 발생하지 않았다.
㉥ 화재 C는 화재 E보다 나중에 발생하지 않았다.
㉦ 화재 C는 화재 D보다 먼저 발생하였으나, 화재 B보다는 나중에 발생하였다.

① A
② B
③ C
④ D

✔해설 각 조건에서 알 수 있는 내용을 정리하면 다음과 같다.
㉠ 화재 C는 네 번째로 발생하였다.

첫 번째	두 번째	세 번째	C	다섯 번째	여섯 번째

㉡ 화재 A는 화재 E보다 먼저 발생하였다. → A > E
㉢ 화재 B는 화재 A보다 먼저 발생하였다. → B > A
㉣ 화재 E는 가장 나중에 발생하지 않았다. → 화재 E는 2~3번째(∵ ㉡에 의해 A > E이므로) 또는 5번째로 발생하였다.
㉤ 화재 F는 화재 B보다 나중에 발생하지 않았다. → F > B
㉥ 화재 C는 화재 E보다 나중에 발생하지 않았다. → C > E
㉦ 화재 C는 화재 D보다 먼저 발생하였으나, 화재 B보다는 나중에 발생하였다. → B > C > D
따라서 모든 조건을 조합해 보면, 화재가 일어난 순서는 다음과 같으며 세 번째로 발생한 화재는 A이다.

F	B	A	C	E	D

25 서원 그룹의 K부서에서는 자기 부서의 정책을 홍보하기 위해 책자를 제작해 배포하는 프로젝트를 진행하였다. 프로젝트 진행 과정이 다음과 같을 때, 프로젝트 결과에 대한 평가로 항상 옳은 것을 모두 고르면?

> 이번에 K부서에서는 자기 부서의 정책을 홍보하기 위해 책자를 제작해 배포하였다. 이 홍보 사업에 참여한 K부서의 팀은 A와 B 두 팀이다. 두 팀은 각각 500권의 정책홍보 책자를 제작하였다. 그러나 책자를 어떤 방식으로 배포할 것인지에 대해 두 팀 간에 차이가 있었다. A팀은 자신들이 제작한 K부서의 모든 정책홍보책자를 서울이나 부산에 배포한다는 지침에 따라 배포하였다. 한편, B팀은 자신들이 제작한 K부서 정책홍보책자를 서울에 모두 배포하거나 부산에 모두 배포한다는 지침에 따라 배포하였다. 사업이 진행된 이후 배포된 결과를 살펴보기 위해서 서울과 부산을 조사하였다. 조사를 담당한 한 직원은 A팀이 제작·배포한 K부서 정책홍보책자 중 일부를 서울에서 발견하였다.
>
> 한편, 또 다른 직원은 B팀이 제작·배포한 K부서 정책홍보책자 중 일부를 부산에서 발견하였다. 그리고 배포 과정을 검토해 본 결과, 이번에 A팀과 B팀이 제작한 K부서 정책 홍보책자는 모두 배포되었다는 것과, 책자가 배포된 곳과 발견된 곳이 일치한다는 것이 확인되었다.

> ㉠ 부산에는 500권이 넘는 K부서 정책홍보책자가 배포되었다.
> ㉡ 서울에 배포된 K부서 정책홍보책자의 수는 부산에 배포된 K부서 정책홍보책자의 수보다 적다.
> ㉢ A팀이 제작한 K부서 정책홍보책자가 부산에서 발견되었다면, 부산에 배포된 K부서 정책홍보책자의 수가 서울에 배포된 수보다 많다.

① ㉠   ② ㉢

③ ㉠, ㉡   ④ ㉡, ㉢

> **해설** B팀은 자신들이 제작한 K부서 정책홍보책자를 서울에 모두 배포하거나 부산에 모두 배포한다는 지침에 따라 배포하였는데, B팀이 제작·배포한 K부서 정책홍보책자 중 일부를 부산에서 발견하였으므로, B팀의 책자는 모두 부산에 배포되었다.
> A팀이 제작·배포한 책자 중 일부를 서울에서 발견하였지만, A팀은 자신들이 제작한 K부서의 모든 정책홍보책자를 서울이나 부산에 배포한다는 지침에 따라 배포하였으므로, 모두 서울에 배포되었는지는 알 수 없다.
> 따라서 항상 옳은 평가는 ㉢뿐이다.

26 다음은 나에 대해 SWOT 분석을 한 것이다. 환경 분석결과에 대응하는 가장 적절한 전략은?

강점 (Strengths)	• 맡은 일에 대해 책임과 의무를 다하는 성격 • 높은 학점 취득으로 전공이해도가 높음 • 긍정적인 마인드
약점 (Weaknesses)	• 부족한 외국어 실력 • 남들에 비해 늦은 취업
기회 (Opportunities)	• 스펙을 보지 않는 기업들이 많아짐 • NCS라는 새로운 취업제도가 도입됨
위협 (Threats)	• 취업경쟁이 심화되고 있음 • 해외경험을 중시하는 취업시장의 분위기

	강점(S)	약점(W)
기회(O)	① NCS라는 새로운 취업제도에 긍정적인 마인드로 대처	② 취업경쟁이 심화되고 있지만 타 취업생보다 전공이해도가 높음
위협(T)	③ 늦은 취업이지만 나이나 학력 등의 스펙을 보지 않는 기업이 많아짐	④ 취업경쟁의 심화 속에서도 긍정적인 마인드로 극복해나감

✔해설 ② 취업경쟁이 심화되고 있으나 전공이해도가 높은 것은 ST전략에 해당한다.
③ 나이나 학력 등의 스펙을 보지 않는 기업이 많아져 취업 진입장벽이 낮아지는 것은 WO전략에 해당한다.
④ 취업경쟁의 심화 속에서도 긍정적인 마인드로 극복해나가는 것은 ST전략에 해당한다.

▌27~28▐ 다음 5개의 팀에 인터넷을 연결하기 위해 작업을 하려고 한다. 5개의 팀 사이에 인터넷을 연결하기 위한 시간이 다음과 같을 때 제시된 표를 바탕으로 물음에 답하시오(단, 가팀과 나팀이 연결되고 나팀과 다팀이 연결되면 가팀과 다팀이 연결된 것으로 간주한다).

구분	가	나	다	라	마
가	-	3	6	1	2
나	3	-	1	2	1
다	6	1	-	3	2
라	1	2	3	-	1
마	2	1	2	1	-

27 가팀과 다팀을 인터넷 연결하기 위해 필요한 최소의 시간은?

① 7시간　　　　　　　　　② 6시간

③ 5시간　　　　　　　　　④ 4시간

 해설　가팀, 다팀을 연결하는 방법은 2가지가 있는데.
　　　　㉠ 가팀과 나팀, 나팀과 다팀 연결 : 3+1=4시간
　　　　㉡ 가팀과 다팀 연결 : 6시간
　　　　즉, 1안이 더 적게 걸리므로 4시간이 답이 된다.

28 다팀과 마팀을 인터넷 연결하기 위해 필요한 최소의 시간은?

① 1시간　　　　　　　　　② 2시간

③ 3시간　　　　　　　　　④ 4시간

 해설　다팀, 마팀을 연결하는 방법은 2가지가 있는데.
　　　　㉠ 다팀과 라팀, 라팀과 마팀 연결 : 3+1=4시간
　　　　㉡ 다팀과 마팀 연결 : 2시간
　　　　즉, 2안이 더 적게 걸리므로 2시간이 답이 된다.

| 29~30 | 다음은 중소기업협회에서 주관한 학술세미나 일정에 관한 것으로 다음 세미나를 준비하는 데 필요한 일, 각각의 일에 걸리는 시간, 일의 순서 관계를 나타낸 표이다. 제시된 표를 바탕으로 물음에 답하시오.

〈세미나 준비 현황〉

구분	작업	작업시간(일)	먼저 행해져야 할 작업
가	세미나 장소 세팅	1	바
나	현수막 제작	2	다, 마
다	세미나 발표자 선정	1	라
라	세미나 기본계획 수립	2	없음
마	세미나 장소 선정	3	라
바	초청자 확인	2	라

29 현수막 제작을 시작하기 위해서는 최소 며칠이 필요하겠는가?

① 3일
② 4일
③ 5일
④ 6일

✔해설 현수막을 제작하기 위해서는 라, 다, 마가 선행되어야 한다. 그렇기 때문에 최소한 6일이 소요된다.
∴ 세미나 기본계획 수립(2일)＋세미나 발표자 선정(1일)＋세미나 장소 선정(3일)

30 세미나 장소 세팅까지 마치는 데 필요한 최대의 시간은?

① 10일
② 11일
③ 12일
④ 13일

✔해설 동시에 작업이 가능한 일도 있지만 최대 시간을 구하라 했으므로 다 더한 값인 11일이 답이 된다.

Answer 27.④ 28.② 29.④ 30.②

CHAPTER 03

자원관리능력

1 자원과 자원관리

(1) 자원

① 자원의 종류 : 시간, 돈, 물적자원, 인적자원

② 자원의 낭비요인 : 비계획적 행동, 편리성 추구, 자원에 대한 인식 부재, 노하우 부족

(2) 자원관리 기본 과정

① 필요한 자원의 종류와 양 확인

② 이용 가능한 자원 수집하기

③ 자원 활용 계획 세우기

④ 계획대로 수행하기

예제 1

당신은 A출판사 교육훈련 담당자이다. 조직의 효율성을 높이기 위해 전사적인 시간관리에 대한 교육을 실시하기로 하였지만 바쁜 일정 상 직원들을 집합교육에 동원할 수 있는 시간은 제한적이다. 다음 중 귀하가 최우선의 교육 대상으로 삼아야 하는 것은 어느 부분인가?

구분	긴급한 일	긴급하지 않은 일
중요한 일	제1사분면	제2사분면
중요하지 않은 일	제3사분면	제4사분면

① 중요하고 긴급한 일로 위기사항이나 급박한 문제, 기간이 정해진 프로젝트 등이 해당되는 제1사분면
② 긴급하지는 않지만 중요한 일로 인간관계구축이나 새로운 기회의 발굴, 중장기 계획 등이 포함되는 제2사분면
③ 긴급하지만 중요하지 않은 일로 잠깐의 급한 질문, 일부 보고서, 눈 앞의 급박한 사항이 해당되는 제3사분면
④ 중요하지 않고 긴급하지 않은 일로 하찮은 일이나 시간낭비거리, 즐거운 활동 등이 포함되는 제4사분면

출제의도

주어진 일들을 중요도와 긴급도에 따른 시간관리 매트릭스에서 우선순위를 구분할 수 있는가를 측정하는 문항이다.

해 설

교육훈련에서 최우선 교육대상으로 삼아야 하는 것은 긴급하지 않지만 중요한 일이다. 이를 긴급하지 않다고 해서 뒤로 미루다보면 급박하게 처리해야하는 업무가 증가하여 효율적인 시간관리가 어려워진다.

구분	긴급한 일	긴급하지 않은 일
중요한 일	위기사항, 급박한 문제, 기간이 정해진 프로젝트	인간관계구축, 새로운 기회의 발굴, 중장기계획
중요하지 않은 일	잠깐의 급한 질문, 일부 보고서, 눈앞의 급박한 사항	하찮은 일, 우편물, 전화, 시간낭비거리, 즐거운 활동

답 ②

2 자원관리능력을 구성하는 하위능력

(1) 시간관리능력

① 시간의 특성
  ㉠ 시간은 매일 주어지는 기적이다.
  ㉡ 시간은 똑같은 속도로 흐른다.
  ㉢ 시간의 흐름은 멈추게 할 수 없다.
  ㉣ 시간은 꾸거나 저축할 수 없다.
  ㉤ 시간은 사용하기에 따라 가치가 달라진다.

② 시간관리의 효과

  ㉠ 생산성 향상

  ㉡ 가격 인상

  ㉢ 위험 감소

  ㉣ 시장 점유율 증가

③ 시간계획

  ㉠ 개념 : 시간 자원을 최대한 활용하기 위하여 가장 많이 반복되는 일에 가장 많은 시간을 분배하고, 최단시간에 최선의 목표를 달성하는 것을 의미한다.

  ㉡ 60 : 40의 Rule

계획된 행동 (60%)	계획 외의 행동 (20%)	자발적 행동 (20%)
총 시간		

예제 2

유아용품 홍보팀의 사원 은이씨는 일산 킨텍스에서 열리는 유아용품박람회에 참여하고자 한다. 당일 회의 후 출발해야 하며 회의 종료 시간은 오후 3시이다.

장소	일시
일산 킨텍스 제2전시장	2016. 1. 20(금) PM 15:00~19:00 * 입장가능시간은 종료 2시간 전 까지

오시는 길

지하철 : 4호선 대화역(도보 30분 거리)

버스 : 8109번, 8407번(도보 5분 거리)

• 회사에서 버스정류장 및 지하철역까지 소요시간

출발지	도착지		소요시간
회사	×× 정류장	도보	15분
		택시	5분
	지하철역	도보	30분
		택시	10분

• 일산 킨텍스 가는 길

교통편	출발지	도착지	소요시간
지하철	강남역	대화역	1시간 25분
버스	×× 정류장	일산 킨텍스 정류장	1시간 45분

위의 제시 상황을 보고 은이씨가 선택할 교통편으로 가장 적절한 것은?

① 도보 – 지하철
② 도보 – 버스
③ 택시 – 지하철
④ 택시 – 버스

출제의도

주어진 여러 시간정보를 수집하여 실제 업무 상황에서 시간자원을 어떻게 활용할 것인지 계획하고 할당하는 능력을 측정하는 문항이다.

해 설

④ 택시로 버스정류장까지 이동해서 버스를 타고 가게 되면 택시(5분), 버스(1시간 45분), 도보(5분)으로 1시간 55분이 걸린다.

① 도보–지하철 : 도보(30분), 지하철(1시간 25분), 도보(30분)이므로 총 2시간 25분이 걸린다.

② 도보–버스 : 도보(15분), 버스(1시간 45분), 도보(5분)이므로 총 2시간 5분이 걸린다.

③ 택시–지하철 : 택시(10분), 지하철(1시간 25분), 도보(30분)이므로 총 2시간 5분이 걸린다.

답 ④

(2) 예산관리능력

① 예산과 예산관리
   ㉠ 예산 : 필요한 비용을 미리 헤아려 계산하는 것이나 그 비용
   ㉡ 예산관리 : 활동이나 사업에 소요되는 비용을 산정하고, 예산을 편성하는 것뿐만 아니라 예산을 통제하는 것 모두를 포함한다.

② 예산의 구성요소

비용	직접비용	재료비, 원료와 장비, 시설비, 여행(출장) 및 잡비, 인건비 등
	간접비용	보험료, 건물관리비, 광고비, 통신비, 사무비품비, 각종 공과금 등

③ 예산수립 과정 : 필요한 과업 및 활동 구명 → 우선순위 결정 → 예산 배정

예제 3

당신은 가을 체육대회에서 총무를 맡으라는 지시를 받았다. 다음과 같은 계획에 따라 예산을 진행하였으나 확보된 예산이 생각보다 적게 되어 불가피하게 비용항목을 줄여야 한다. 다음 중 귀하가 비용 항목을 없애기에 가장 적절한 것은 무엇인가?

〈○○산업공단 춘계 1차 워크숍〉

1. 해당부서 : 인사관리팀, 영업팀, 재무팀
2. 일   정 : 2016년 4월 21일~23일(2박 3일)
3. 장   소 : 강원도 속초 ○○연수원
4. 행사내용 : 바다열차탑승, 체육대회, 친교의 밤 행사, 기타

① 숙박비   ② 식비
③ 교통비   ④ 기념품비

출제의도

업무에 소요되는 예산 중 꼭 필요한 것과 예산을 감축해야할 때 삭제 또는 감축이 가능한 것을 구분해내는 능력을 묻는 문항이다.

해 설

한정된 예산을 가지고 과업을 수행할 때에는 중요도를 기준으로 예산을 사용한다. 위와 같이 불가피하게 비용 항목을 줄여야 한다면 기본적인 항목인 숙박비, 식비, 교통비는 유지되어야 하기에 항목을 없애기 가장 적절한 정답은 ④번이 된다.

답 ④

(3) 물적관리능력

① 물적자원의 종류
　　㉠ 자연자원 : 자연상태 그대로의 자원 ex) 석탄, 석유 등
　　㉡ 인공자원 : 인위적으로 가공한 자원 ex) 시설, 장비 등

② 물적자원관리 : 물적자원을 효과적으로 관리할 경우 경쟁력 향상이 향상되어 과제 및 사업의 성공으로 이어지며, 관리가 부족할 경우 경제적 손실로 인해 과제 및 사업의 실패 가능성이 커진다.

③ 물적자원 활용의 방해요인
　　㉠ 보관 장소의 파악 문제
　　㉡ 훼손
　　㉢ 분실

④ 물적자원관리 과정

과정	내용
사용 물품과 보관 물품의 구분	• 반복 작업 방지 • 물품활용의 편리성
동일 및 유사 물품으로의 분류	• 동일성의 원칙 • 유사성의 원칙
물품 특성에 맞는 보관 장소 선정	• 물품의 형상 • 물품의 소재

S호텔의 외식사업부 소속인 K씨는 예약일정 관리를 담당하고 있다. 아래의 예약일정과 정보를 보고 K씨의 판단으로 옳지 않은 것은?

〈S호텔 일식 뷔페 1월 ROOM 예약 일정〉

* 예약 : ROOM 이름(시작시간)

SUN	MON	TUE	WED	THU	FRI	SAT
					1	2
					백합(16)	장미(11) 백합(15)
3	4	5	6	7	8	9
라일락(15)		백향목(10) 백합(15)	장미(10) 백향목(17)	백합(11) 라일락(18)	백향목(15)	장미(10) 라일락(15)

ROOM 구분	수용가능인원	최소투입인력	연회장 이용시간
백합	20	3	2시간
장미	30	5	3시간
라일락	25	4	2시간
백향목	40	8	3시간

– 오후 9시에 모든 업무를 종료함
– 한 타임 끝난 후 1시간씩 세팅 및 정리
– 동 시간 대 서빙 투입인력은 총 10명을 넘을 수 없음

안녕하세요, 1월 첫째 주 또는 둘째 주에 신년회 행사를 위해 ROOM을 예약하려고 하는데요, 저희 동호회의 총 인원은 27명이고 오후 8시쯤 마무리하려고 합니다. 신정과 주말, 월요일은 피하고 싶습니다. 예약이 가능할까요?

① 인원을 고려했을 때 장미ROOM과 백향목ROOM이 적합하겠군.
② 만약 2명이 안 온다면 예약 가능한 ROOM이 늘어나겠구나.
③ 조건을 고려했을 때 예약 가능한 ROOM은 5일 장미ROOM뿐이겠구나.
④ 오후 5시부터 8시까지 가능한 ROOM을 찾아야해.

(4) 인적자원관리능력

① **인맥** : 가족, 친구, 직장동료 등 자신과 직접적인 관계에 있는 사람들인 핵심인맥과 핵심인맥들로부터 알게 된 파생인맥이 존재한다.

② **인적자원의 특성** : 능동성, 개발가능성, 전략적 자원

③ **인력배치의 원칙**

  ㉠ 적재적소주의 : 팀의 효율성을 높이기 위해 팀원의 능력이나 성격 등과 가장 적합한 위치에 배치하여 팀원 개개인의 능력을 최대로 발휘해 줄 것을 기대하는 것

  ㉡ 능력주의 : 개인에게 능력을 발휘할 수 있는 기회와 장소를 부여하고 그 성과를 바르게 평가하며 평가된 능력과 실적에 대해 그에 상응하는 보상을 주는 원칙

  ㉢ 균형주의 : 모든 팀원에 대한 적재적소를 고려

④ **인력배치의 유형**

  ㉠ 양적 배치 : 부문의 작업량과 조업도, 여유 또는 부족 인원을 감안하여 소요인원을 결정하여 배치하는 것

  ㉡ 질적 배치 : 적재적소의 배치

  ㉢ 적성 배치 : 팀원의 적성 및 흥미에 따라 배치하는 것

예제 5

최근 조직개편 및 연봉협상 과정에서 직원들의 불만이 높아지고 있다. 온갖 루머가 난무한 가운데 인사팀원인 당신에게 사내 게시판의 직원 불만사항에 대한 진위여부를 파악하고 대안을 세우라는 팀장의 지시를 받았다. 다음 중 당신이 조치를 취해야 하는 직원은 누구인가?

① 사원 A는 팀장으로부터 업무 성과가 탁월하다는 평가를 받았는데도 조직개편으로 인한 부서 통합으로 인해 승진을 못한 것이 불만이다.

② 사원 B는 회사가 예년에 비해 높은 영업 이익을 얻었는데도 불구하고 연봉 인상에 인색한 것이 불만이다.

③ 사원 C는 회사가 급여 정책을 변경해서 고정급 비율을 낮추고 기본급과 인센티브를 지급하는 제도로 바꾼 것이 불만이다.

④ 사원 D는 입사 동기인 동료가 자신보다 업무 실적이 좋지 않고 불성실한 근무태도를 가지고 있는데, 팀장과의 친분으로 인해 자신보다 높은 평가를 받은 것이 불만이다.

출제의도

주어진 직원들의 정보를 통해 시급하게 진위여부를 가리고 조치하여 인력배치를 해야 하는 사항을 확인하는 문제이다.

해 설

사원 A, B, C는 각각 조직 정책에 대한 불만이기에 논의를 통해 조직적으로 대처하는 것이 옳지만, 사원 D는 팀장의 독단적인 전횡에 대한 불만이기 때문에 조사하여 시급히 조치할 필요가 있다. 따라서 가장 적절한 답은 ④번이 된다.

답 ④

출제예상문제

1 다음은 신입사원 A가 20xx년 1월에 현금으로 지출한 생활비 내역이다. 만약 A가 카드회사에서 권유한 A~C카드 중 하나를 발급받아 20xx년 2월에도 1월과 동일하게 발급받은 카드로만 생활비를 지출하였다면 예상청구액이 가장 적은 카드는 무엇인가?

〈신입사원 A의 20xx년 1월 생활비 지출내역〉

분류	세부항목		금액(만원)
교통비	버스 · 지하철 요금		8
	택시 요금		2
	KTX 요금		10
식비	외식비	평일	10
		주말	5
	카페 지출액		5
	식료품 구입비	대형마트	5
		재래시장	5
의류구입비	온라인		15
	오프라인		15
여가 및 자기계발비	영화관람료(1만원/회 × 2회)		2
	도서구입비 (2만원/권 × 1권, 1만 5천원/권 × 2권, 1만원/권 × 3권)		8
	학원 수강료		20

〈신용카드별 할인혜택〉

A신용카드	• 버스·지하철, KTX 요금 20% 할인(단, 할인액의 한도는 월 2만원) • 외식비 주말 결제액 5% 할인 • 학원 수강료 15% 할인 • 최대 총 할인한도액 없음 • 연회비 1만 5천원이 발급 시 부과되어 합산됨
B신용카드	• 버스·지하철, KTX 요금 10% 할인(단, 할인액의 한도는 월 1만원) • 온라인 의류구입비 10% 할인 • 도서구입비 권당 3천원 할인(단, 권당 가격이 1만 2천원 이상인 경우에만 적용) • 최대 총 할인한도액은 월 3만원 • 연회비 없음
C신용카드	• 버스·지하철, 택시 요금 10% 할인(단, 할인액의 한도는 월 1만원) • 카페 지출액 10% 할인 • 재래시장 식료품 구입비 10% 할인 • 영화관람료 회당 2천원 할인(월 최대 2회) • 최대 총 할인한도액은 월 4만원 • 연회비 없음

① A

② B

③ C

④ 세 카드의 예상청구액이 모두 동일하다.

해설 각 신용카드별 할인혜택을 통해 갑이 할인받을 수 있는 내역은 다음과 같다.

신용카드	할인금액
A	• 버스·지하철, KTX 요금 20% 할인(단, 한도 월 2만원) → 2만원 • 외식비 주말 결제액 5% 할인 → 2,500원 • 학원 수강료 15% 할인 → 3만원 ※ 최대 총 할인한도액은 없고 연회비 1만 5천원이 부과되므로 줄어드는 금액은 총 37,500원이다.
B	• 버스·지하철, KTX 요금 10% 할인(단, 한도 월 1만원) → 1만원 • 온라인 의류구입비 10% 할인 → 1만 5천원 • 도서구입비 권당 3천우너 할인(단, 정가 1만 2천원 이상 적용) → 9,000원 ※ 연회비는 없지만, 최대 총 할인한도액이 월 3만원이므로 줄어드는 금액은 총 3만원이다.
C	• 버스·지하철, 택시 요금 10% 할인(단, 한도 월 1만원) → 1만원 • 카페 지출액 10% 할인 → 5,000원 • 재래시장 식료품 구입비 10% 할인 → 5,000원 • 영화관람료 회당 2천원 할인(월 최대 2회) → 4,000원 ※ 최대 총 할인한도액은 월 4만원이고 연회비가 없으므로 줄어드는 금액은 총 24,000원이다.

Answer 1.①

2 　다음 글과 〈조건〉을 근거로 판단할 때, 중국으로 출장 가는 사람으로 짝지어진 것은?

C회사에서는 업무상 외국 출장이 잦은 편이다. 인사부 A씨는 매달 출장 갈 직원들을 정하는 업무를 맡고 있다. 이번 달에는 총 4국가로 출장을 가야 하며 인원은 다음과 같다.

미국	영국	중국	일본
1명	4명	3명	4명

출장을 갈 직원은 이과장, 김과장, 신과장, 류과장, 임과장, 장과장, 최과장이 있으며, 개인별 출장 가능한 국가는 다음과 같다.

국가＼직원	이과장	김과장	신과장	류과장	임과장	장과장	최과장
미국	○	×	○	×	×	×	×
영국	○	×	○	○	○	×	×
중국	×	○	○	○	○	×	○
일본	×	×	○	×	○	○	○

※ ○ : 출장 가능, × : 출장 불가능
※ 어떤 출장도 일정이 겹치진 않는다.

〈조건〉
• 한 사람이 두 국가까지만 출장 갈 수 있다.
• 모든 사람은 한 국가 이상 출장을 가야 한다.

① 김과장, 최과장, 류과장
② 김과장, 신과장, 류과장
③ 신과장, 류과장, 임과장
④ 김과장, 임과장, 최과장

✔해설 　모든 사람이 한 국가 이상 출장을 가야 한다고 했으므로 김과장은 꼭 중국을 가야 하며, 장과장은 꼭 일본을 가야 한다. 또한 영국으로 4명이 출장을 가야 되고, 출장 가능 직원도 4명이므로 이과장, 신과장, 류과장, 임과장이 영국을 가야한다. 4국가 출장에 필요한 직원은 12명인데 김과장과 장과장이 1국가 밖에 못가므로 나머지 5명이 2국가씩 출장가야 한다는 것에 주의한다.

	출장가는 직원		출장가는 직원
미국(1명)	이과장	중국(3명)	김과장, 최과장, 류과장
영국(4명)	류과장, 이과장, 신과장, 임과장	일본(4명)	장과장, 최과장, 신과장, 임과장

3 Z회사는 오늘을 포함하여 30일 동안에 자동차를 생산할 계획이며 Z회사의 하루 최대투입가능 근로자 수는 100명이다. 다음 〈공정표〉에 근거할 때 Z회사가 벌어들일 수 있는 최대 수익은 얼마인가? (단, 작업은 오늘부터 개시되며 각 근로자는 자신이 투입된 자동차의 생산이 끝나야만 다른 자동차의 생산에 투입될 수 있고 1일 필요 근로자 수 이상의 근로자가 투입되더라도 자동차당 생산 소요 기간은 변하지 않는다)

〈공정표〉

자동차	소요기간	1일 필요 근로자 수	수익
A	5일	20명	15억 원
B	10일	30명	20억 원
C	10일	50명	40억 원
D	15일	40명	35억 원
E	15일	60명	45억 원
F	20일	70명	85억 원

① 150억 원 ② 155억 원

③ 160억 원 ④ 165억 원

✔해설 30일 동안 최대 수익을 올릴 수 있는 진행공정은 다음과 같다.

F(20일, 70명)			C(10일, 50명)
B(10일, 30명)	A(5일, 20명)		

F(85억)+B(20억)+A(15억)+C(40억)=160억

4 다음은 S공사의 지역본부 간 인사이동과 관련된 자료이다. 이에 대한 〈보고서〉의 내용 중 옳지 않은 것은?

〈2015년 직원 인사이동 현황〉

전출＼전입	A지역본부	B지역본부	C지역본부	D지역본부
A지역본부		190명	145명	390명
B지역본부	123명		302명	260명
C지역본부	165명	185명		110명
D지역본부	310명	220명	130명	

※ 인사이동은 A~D지역본부 간에서만 이루어진다.

※ 2015년 인사이동은 2015년 1월 1일부터 12월 31일까지 발생하며 동일 직원의 인사이동은 최대 1회로 제한된다.

※ 위 표에서 190은 A지역본부에서 B지역본부로 인사이동하였음을 의미한다.

〈2015~2016년 지역본부별 직원 수〉

지역본부＼연도	2015년	2016년
A지역본부	3,232명	3,105명
B지역본부	3,120명	3,030명
C지역본부	2,931명	( )명
D지역본부	3,080명	( )명

※ 직원 수는 매년 1월 1일 0시를 기준으로 한다.

※ 직원 수는 인사이동에 의해서만 변하며, 신규로 채용되거나 퇴사한 직원은 없다.

〈보고서〉

S공사의 지역본부 간 인사이동을 파악하기 위해 2015년의 전입·전출을 분석한 결과 총 2,530명이 근무지를 이동한 것으로 파악되었다. S공사의 4개 지역본부 가운데 ①전출직원 수가 가장 많은 지역본부는 A이다. 반면, ②전입직원 수가 가장 많은 지역본부는 A, B, D로부터 총 577명이 전입한 C이다. 2015년 인사이동 결과, ③2016년 직원이 가장 많은 지역본부는 D이며, ④2015년과 2016년의 직원 수 차이가 가장 큰 지역본부는 A이다.

② 전입직원 수가 가장 많은 지역부터 순서대로 나열하면 D(760) > A(598) > B(595) > C(577)이다.

① 전출직원 수가 가장 많은 지역본부부터 순서대로 나열하면 A(725) > B(685) > D(660) > C(460)이다.

③ 2016년 직원이 가장 많은 지역부터 순서대로 나열하면 D(3,180) > A(3,105) > C(3,048) > B(3,030)이다.

④ 2015년과 2016년의 직원 수 차이가 가장 큰 지역부터 순서대로 나열하면 A(127명 감소) > C(117명 증가) > D(100명 증가) > B(90명 감소)이다.

■ 5~6 ■ 다음 예제를 보고 물음에 답하시오.

⟨프로젝트의 단위활동⟩

활동	직전 선행활동	활동시간(일)
A	–	3
B	–	5
C	A	3
D	B	2
E	C, D	4

⟨프로젝트의 PERT 네트워크⟩

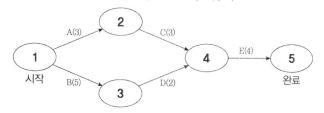

이 프로젝트의 단위활동과 PERT 네트워크를 보면

• A와 B활동은 직전 선행활동이 없으므로 동시에 시작할 수 있다.

• A활동 이후에 C활동을 하고, B활동 이후에 D활동을 하며, C와 D활동이 끝난 후 E활동을 하므로 한 눈에 볼 수 있는 표로 나타내면 다음과 같다.

A(3일)		C(3일)			E(4일)
B(5일)			D(2일)		

∴ 이 프로젝트를 끝내는 데는 최소한 11일이 걸린다.

5 R회사에 근무하는 J대리는 Z프로젝트의 진행을 맡고 있다. J대리는 이 프로젝트를 효율적으로 끝내기 위해 위의 예제를 참고하여 일의 흐름도를 다음과 같이 작성하였다. 이 프로젝트를 끝내는 데 최소한 며칠이 걸리겠는가?

〈Z프로젝트의 단위활동〉

활동	직전 선행활동	활동시간(일)
A	–	7
B	–	5
C	A	4
D	B	2
E	B	4
F	C, D	3
G	C, D, E	2
H	F, G	2

〈Z프로젝트의 PERT 네트워크〉

① 15일　　　　　　　　　② 16일
③ 17일　　　　　　　　　④ 18일

✔해설

A(7일)			C(4일)		F(3일)		H(2일)
B(5일)		D(2일)			G(2일)		
		E(4일)					

6 위의 문제에서 A활동을 7일에서 3일로 단축시킨다면 전체 일정은 며칠이 단축되겠는가?

① 1일　　　　　　　　　　② 2일

③ 3일　　　　　　　　　　④ 4일

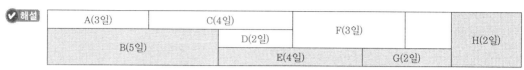

총 13일이 소요되므로 전체일정은 3일이 단축된다.

7 F회사에 입사한지 3개월이 된 사원 A씨는 주어진 일에 대해 우선순위 없이 닥치는 대로 행하고 있다. 그렇다 보니 중요하지 않은 일을 먼저 하기도 해서 상사로부터 꾸중을 들었다. 그런 A씨에게 L대리는 업무를 시간관리 매트릭스에 따라 4단계로 구분해보라고 조언을 하였다. 다음은 〈시간관리 매트릭스〉와 A씨가 해야 할 일들이다. 연결이 잘못 짝지어진 것은?

〈시간관리 매트릭스〉

	긴급함	긴급하지 않음
중요함	제1사분면	제2사분면
중요하지 않음	제3사분면	제4사분면

〈A씨가 해야 할 일〉

㉠ 어제 못 본 드라마보기
㉡ 마감이 정해진 프로젝트
㉢ 인간관계 구축하기
㉣ 업무 보고서 작성하기
㉤ 회의하기
㉥ 자기개발하기
㉦ 상사에게 급한 질문하기

① 제1사분면 : ㉡, ㉦　　　　② 제2사분면 : ㉢, ㉥

③ 제3사분면 : ㉣, ㉤　　　　④ 제4사분면 : ㉠

해설 ㉦은 제3사분면에 들어가야 할 일이다.

Answer 5.② 6.③ 7.①

8. 다음은 ○○그룹 자원관리팀에 근무하는 현수의 상황이다. A자원을 구입하는 것과 B자원을 구입하는 것에 대한 분석으로 옳지 않은 것은?

> 현수는 새로운 프로젝트를 위해 B자원을 구입하였다. 그런데 B자원을 주문한 날 상사가 A자원을 구입하라고 지시하자 고민하다가 결국 상사를 설득시켜 그대로 B자원을 구입하기로 결정했다. 단, 여기서 두 자원을 구입하기 위해 지불해야 할 금액은 각각 50만 원씩으로 같지만 ○○그룹에게 있어 A자원의 실익은 100만 원이고 B자원의 실익은 150만 원이다. 그리고 자원을 주문한 이상 주문 취소는 불가능하다.

① 상사를 설득시켜 그대로 B자원을 구입하기로 결정한 현수의 선택은 합리적이다.
② B자원의 구입으로 인한 기회비용은 100만 원이다.
③ B자원을 구입하기 위해 지불한 50만 원은 회수할 수 없는 매몰비용이다.
④ ○○그룹에게 있어 더 큰 실제의 이익을 주는 자원은 A자원이다.

✅해설 ④ ○○그룹에게 있어 A자원의 실익은 100만 원이고 B자원의 실익은 150만 원이므로 더 큰 실제의 이익을 주는 자원은 B자원이다.

9. 다음 자료에 대한 분석으로 옳지 않은 것은?

> △△그룹에는 총 50명의 직원이 근무하고 있으며 자판기 총 설치비용과 사내 전 직원이 누리는 총 만족감을 돈으로 환산한 값은 아래 표와 같다. (단, 자판기로부터 각 직원이 누리는 만족감의 크기는 동일하며 설치비용은 모든 직원이 똑같이 부담한다)

자판기 수(개)	총 설치비용(만 원)	총 만족감(만 원)
3	150	210
4	200	270
5	250	330
6	300	360
7	350	400

① 자판기를 7개 설치할 경우 각 직원들이 부담해야 하는 설치비용은 7만 원이다.
② 자판기를 최적으로 설치하였을 때 전 직원이 누리는 총 만족감은 400만 원이다.
③ 자판기를 4개 설치할 경우 더 늘리는 것이 합리적이다.
④ 자판기를 한 개 설치할 때마다 추가되는 비용은 일정하다.

✅해설 ② △△그룹에서 자판기의 최적 설치량은 5개이며 이때 전 직원이 누리는 총 만족감은 330만 원이다.

10 다음은 특정 시점 우리나라의 주택유형별 매매가격 대비 전세가격 비율을 나타낸 도표이다. 다음 자료에 대한 올바른 설명을 〈보기〉에서 모두 고른 것은 어느 것인가? (비교하는 모든 주택들은 동일 크기와 입지조건이라고 가정함)

(단위 : %)

구분	전국	수도권	지방
종합	65	68	65
아파트	75	74	75
연립주택	66	65	69
단독주택	48	50	46

〈보기〉

㈎ 수도권의 아파트가 지방의 아파트보다 20% 높은 매매가이고 A평형 지방의 아파트가 2.5억 원일 경우, 두 곳의 전세가 차이는 2천만 원이 넘는다.

㈏ 연립주택은 수도권이, 단독주택은 지방이 매매가 대비 전세가가 더 낮다.

㈐ '종합'의 수치는 각각 세 가지 유형 주택의 전세가 지수의 평균값이다.

㈑ 수도권의 연립주택이 지방의 연립주택보다 20% 높은 매매가이고 A평형 지방의 연립주택이 2억 원일 경우, 두 곳의 전세가 차이는 2천만 원이 넘지 않는다.

① ㈏, ㈐, ㈑

② ㈎, ㈏, ㈑

③ ㈎, ㈐, ㈑

④ ㈎, ㈏, ㈐

✔해설 ㈎ 지방의 아파트가 2.5억 원일 경우 수도권의 아파트는 3억 원이므로 전세가는 각각 1.875억 원과 2.22억 원이 되어 차이가 2천만 원을 넘게 된다.

㈏ 연립주택은 수도권이 매매가 대비 전세가가 65%로 더 낮고, 단독주택은 지방이 46%로 더 낮다.

㈐ '종합'의 수치는 각각 세 가지 유형 주택의 전세가 지수의 단순 평균값이 아니다. 지역별 주택유형의 실제 수량에 근거한 수치이므로 해당 지역의 주택유형 분포 비율에 따라 평균값과 다르게 나타난다.

㈑ 지방의 연립주택이 2억 원일 경우 수도권의 연립주택은 2.4억 원이므로 전세가는 각각 1.38억 원과 1.56억 원이 되어 차이가 2천만 원을 넘지 않게 된다.

▌11~12▐ 甲과 乙은 산양우유를 생산하여 판매하는 ○○목장에서 일한다. 다음을 바탕으로 물음에 답하시오.

- ○○목장은 A~D의 4개 구역으로 이루어져 있으며 산양들은 자유롭게 다른 구역을 넘나들 수 있지만 목장을 벗어나지 않는다.
- 甲과 乙은 산양을 잘 관리하기 위해 구역별 산양의 수를 파악하고 있어야 하는데, 산양들이 계속 구역을 넘나들기 때문에 산양의 수를 정확히 헤아리는 데 어려움을 겪고 있다.
- 고민 끝에 甲과 乙은 시간별로 산양의 수를 기록하되, 甲은 특정 시간 특정 구역의 산양의 수만을 기록하고, 乙은 산양이 구역을 넘나들 때마다 그 시간과 그때 이동한 산양의 수를 기록하기로 하였다.
- 甲과 乙이 같은 날 오전 9시부터 오전 10시 15분까지 작성한 기록표는 다음과 같으며, ㉠~㉣을 제외한 모든 기록은 정확하다.

甲의 기록표			乙의 기록표		
시간	구역	산양 수	시간	구역 이동	산양 수
09:10	A	17마리	09:08	B → A	3마리
09:22	D	21마리	09:15	B → D	2마리
09:30	B	8마리	09:18	C → A	5마리
09:45	C	11마리	09:32	D → C	1마리
09:58	D	㉠21마리	09:48	A → C	4마리
10:04	A	㉡18마리	09:50	D → B	1마리
10:10	B	㉢12마리	09:52	C → D	3마리
10:15	C	㉣10마리	10:05	C → B	2마리

- 구역 이동 외의 산양의 수 변화는 고려하지 않는다.

11 ㉠~㉣ 중 옳게 기록된 것만을 고른 것은?

① ㉠, ㉡
② ㉠, ㉢
③ ㉡, ㉢
④ ㉡, ㉣

 ㉠ 09:22에 D구역에 있었던 산양 21마리에서 09:32에 C구역으로 1마리, 09:50에 B구역으로 1마리가 이동하였고 09:52에 C구역에서 3마리가 이동해 왔으므로 09:58에 D구역에 있는 산양은 21 − 1 − 1 + 3 = 22마리이다.

㉡ 09:10에 A구역에 있었던 산양 17마리에서 09:18에 C구역에서 5마리가 이동해 왔고 09:48에 C구역으로 4마리가 이동하였으므로 10:04에 A구역에 있는 산양은 17 + 5 − 4 = 18마리이다.

㉢ 09:30에 B구역에 있었던 산양 8마리에서 09:50에 D구역에서 1마리가 이동해 왔고, 10:05에 C구역에서 2마리가 이동해 왔으므로 10:10에 B구역에 있는 산양은 8 + 1 + 2 = 11마리이다.

㉣ 09:45에 C구역에 있었던 11마리에서 09:48에 A구역에서 4마리가 이동해 왔고, 09:52에 D구역으로 3마리, 10:05에 B구역으로 2마리가 이동하였으므로 10:15에 C구역에 있는 산양은 11 + 4 − 3 − 2 = 10마리이다.

12 ○○목장에서 키우는 산양의 총 마리 수는?

① 58마리   ② 59마리

③ 60마리   ④ 61마리

> ✔해설 ○○목장에서 키우는 산양의 총 마리 수는 22 + 18 + 11 + 10 = 61마리이다.

13 철수와 영희는 서로 간 운송업을 동업의 형식으로 하고 있다. 그런데 이들 기업은 2.5톤 트럭으로 운송하고 있다. 누적실제차량수가 400대, 누적실제가동차량수가 340대, 누적주행거리가 40,000km, 누적실제주행거리가 30,000km, 표준연간차량의 적하일수는 233일, 표준연간일수는 365일, 2.5톤 트럭의 기준용적은 10㎡, 1회 운행당 평균용적은 8㎡이다. 위와 같은 조건이 제시된 상황에서 적재율, 실제가동률, 실차율을 각각 구하면?

① 적재율 80%, 실제가동률 85%, 실차율 75%

② 적재율 85%, 실제가동률 65%, 실차율 80%

③ 적재율 80%, 실제가동률 85%, 실차율 65%

④ 적재율 80%, 실제가동률 65%, 실차율 75%

> ✔해설 적재율, 실제가동률, 실차율을 구하면 각각 다음과 같다.
> ㉠ 적재율이란, 어떤 운송 수단의 짐칸에 실을 수 있는 짐의 분량에 대하여 실제 실은 짐의 비율이다. 따라서 기준용적이 10㎡인 2.5톤 트럭에 대하여 1회 운행당 평균용적이 8㎡이므로 적재율은 $\frac{8}{10} \times 100 = 80\%$이다.
> ㉡ 실제가동률은 누적실제차량수에 대한 누적실제가동차량수의 비율이다.
> 따라서 $\frac{340}{400} \times 100 = 85\%$이다.
> ㉢ 실차율이란, 총 주행거리 중 이용되고 있는 좌석 및 화물 수용 용량 비율이다. 따라서 누적주행거리에서 누적실제주행거리가 차지하는 비율인 $\frac{30,000}{40,000} \times 100 = 75\%$이다.

14 인사팀에 신입사원 민기씨는 회사에서 NCS채용 도입을 위한 정보를 얻기 위해 NCS기반 능력중심 채용 설명회를 다녀오려고 한다. 민기씨는 오늘 오후 1시까지 김대리님께 보고서를 작성해서 드리고 30분 동안 피드백을 받기로 했다. 오전 중에 정리를 마치려면 시간이 빠듯할 것 같다. 다음에 제시된 설명회 자료와 교통편을 보고 민기씨가 생각한 것으로 틀린 것은?

• 회사에서 버스정류장 및 지하철역까지 소요시간

출발지	도착지	소요시간	
회사	×× 정류장	도보	30분
		택시	10분
	지하철역	도보	20분
		택시	5분

• 서울고용노동청 가는 길

교통편	출발지	도착지	소요시간
지하철	잠실역	을지로입구역	1시간(환승포함)
버스	×× 정류장	○○센터 정류장	50분(정체 시 1시간 10분)

최근 이슈가 되고 있는 공공기관의 NCS 기반 능력중심 채용에 관한 기업들의 궁금증 해소를 위하여 붙임과 같이 설명회를 개최하오니 많은 관심 부탁드립니다.
감사합니다.

－붙임－

설명회 장소	일시	비고
서울고용노동청(5층) 컨벤션홀	2015. 11. 13(금) PM 15:00~17:00	설명회의 원활한 진행을 위해 설명회시작 15분 뒤부터는 입장을 제한합니다.

오시는 길
지하철 : 2호선 을지로입구역 4번 출구(도보 10분 거리)
버스 : 149, 152번 ○○센터(도보 5분 거리)

① 택시를 타지 않아도 버스를 타고 가면 늦지 않게 설명회에 갈 수 있다.
② 어떤 방법으로 이동하더라도 설명회에 입장은 가능하다.
③ 택시를 타지 않아도 지하철을 타고 가면 늦지 않게 설명회에 갈 수 있다.
④ 정체가 되지 않는다면 버스를 타고 가는 것이 지하철보다 빠르게 갈 수 있다.

✔해설 ① 도보로 버스정류장까지 이동해서 버스를 타고 가게 되면 도보(30분), 버스(50분), 도보(5분)으로 1시간 25분이 걸리지만 버스가 정체될 수 있으므로 1시간 45분으로 계산하는 것이 바람직하다. 민기씨는 1시 30분에 출발할 수 있으므로 3시 15분에 도착하게 되고 입장은 할 수 있으나 늦는다.

※ 소요시간 계산

㉠ 도보-버스 : 도보(30분), 버스(50분), 도보(5분)이므로 총 1시간 25분(정체 시 1시간 45분) 걸린다.

㉡ 도보-지하철 : 도보(20분), 지하철(1시간), 도보(10분)이므로 총 1시간 30분 걸린다.

㉢ 택시-버스 : 택시(10분), 버스(50분), 도보(5분)이므로 총 1시간 5분(정체 시 1시간 25분) 걸린다.

㉣ 택시-지하철 : 택시(5분), 지하철(1시간), 도보(10분)이므로 총 1시간 15분 걸린다.

15 J회사 관리부에서 근무하는 L씨는 소모품 구매를 담당하고 있다. 2015년 5월 중에 다음 조건 하에서 A4용지와 토너를 살 때, 총 비용이 가장 적게 드는 경우는? (단, 2015년 5월 1일에는 A4용지와 토너는 남아 있다고 가정하며, 다 썼다는 말이 없으면 그 소모품들은 남아있다고 가정한다)

• A4용지 100장 한 묶음의 정가는 1만 원, 토너는 2만 원이다. (A4용지는 100장 단위로 구매함)

• J회사와 거래하는 ◇◇오피스는 매달 15일에 전 품목 20% 할인 행사를 한다.

• ◇◇오피스에서는 5월 5일에 A사 카드를 사용하면 정가의 10%를 할인해 준다.

• 총 비용이란 소모품 구매가격과 체감비용(소모품을 다 써서 느끼는 불편)을 합한 것이다.

• 체감비용은 A4용지와 토너 모두 하루에 500원이다.

• 체감비용을 계산할 때, 소모품을 다 쓴 당일은 포함하고 구매한 날은 포함하지 않는다.

• 소모품을 다 쓴 당일에 구매하면 체감비용은 없으며, 소모품이 남은 상태에서 새 제품을 구입할 때도 체감비용은 없다.

---

① 3일에 A4용지만 다 써서, 5일에 A사 카드로 A4용지와 토너를 살 경우

② 13일에 토너만 다 써서 당일 토너를 사고, 15일에 A4용지를 살 경우

③ 10일에 A4용지와 토너를 다 써서 15일에 A4용지와 토너를 같이 살 경우

④ 3일에 A4용지만 다 써서 당일 A4용지를 사고, 13일에 토너를 다 써서 15일에 토너만 살 경우

✔해설 ① 1,000원(체감비용)＋27,000원＝28,000원

② 20,000원(토너)＋8,000원(A4용지)＝28,000원

③ 5,000원(체감비용)＋24,000원＝29,000원

④ 10,000원(A4용지)＋1,000원(체감비용)＋16,000원(토너)＝27,000원

▌16~18▐ 다음 주어진 자료들은 H회사의 집화터미널에서 갑~무 지역 영업점까지의 이동경로와 영업용 자동차의 종류와 연비, 분기별 연료공급가격이다. 자료를 보고 물음에 답하시오.

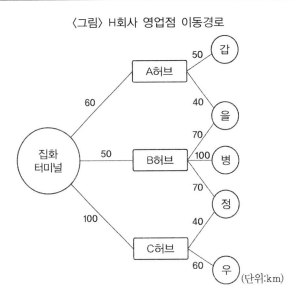

〈그림〉 H회사 영업점 이동경로

※ 물류 오배송 시 같은 허브에 연결된 지역이면 허브만 거쳐서 이동하고, 같은 허브에 연결된 지역이 아니라면 집화터미널로 다시 돌아가 확인 후 이동한다.

〈표1〉 H회사 영업용 자동차의 종류와 연비

(단위 : km/L)

차종	연비
X(휘발유)	15
Y(경유)	20

※ 집화터미널–허브 간 이동은 X차량, 허브–지역 간 이동은 Y차량으로 이동한다.

〈표2〉 분기별 연료공급가격

(단위 : 천 원/L)

	휘발유	경유
1분기	1.5	1.2
2분기	2.1	1.8
3분기	1.8	1.5
4분기	1.5	1.3

16 1분기에 물류 이동 계획은 갑 지역 5번, 정 지역 5번이다. 1분기의 연료비는 총 얼마인가? (단, 모든 이동은 연료비가 가장 적게 드는 방향으로 이동한다)

① 82,000원   ② 91,000원

③ 107,000원   ④ 116,000원

> ✔해설 1분기의 km당 연료비는 휘발유 100원, 경유 60원이다.
> ㉠ 갑 지역 이동(집화터미널−A허브−갑 지역)
>> 집화터미널−A허브(60km) : 100원$\times 60km \times$5회 = 30,000원
>> A허브−갑 지역(50km) : 60원$\times 50km \times$5회 = 15,000원
> ㉡ 정 지역 이동(집화터미널−B허브−정 지역 또는 집화터미널−C허브−정 지역)
>> 집화터미널−B허브(50km) : 100원$\times 50km \times$5회 = 25,000원
>> B허브−정 지역(70km) : 60원$\times 70km \times$5회 = 21,000원
>> 또는
>> 집화터미널−C허브(100km) : 100원$\times 100km \times$5회 = 50,000원
>> C허브−정 지역(40km) : 60원$\times 40km \times$5회 = 12,000원
> ∴ 총 연료비는 91,000원이다(∵ 정 지역 이동시 B허브 이용).

17 2분기에 정 지역에 가야할 물류가 무 지역으로 오배송되었다. 연료비 손해는 얼마인가? (단, 모든 이동은 연료비가 가장 적게 드는 방향으로 이동한다)

① 7,200원   ② 9,000원

③ 10,800원   ④ 15,100원

> ✔해설 2분기의 km당 연료비는 휘발유 140원, 경유 90원이다.
> ㉠ 정 지역으로 가는 방법
>> 집화터미널−B허브(50km) : 140원$\times 50km$ = 7,000원
>> B허브−정 지역(70km) : 90원$\times 70km$ = 6,300원
>> 또는
>> 집화터미널−C허브(100km) : 140원$\times 100km$ = 14,000원
>> C허브−정 지역(40km) : 90원$\times 40km$ = 3,600원
>> ∴ 13,300원(∵ 정 지역 이동시 B허브 이용)
> ㉡ 무 지역으로 이동 후 정 지역으로 가는 방법
>> 집화터미널−C허브(100km) : 140원$\times 100km$ = 14,000원
>> C허브−무 지역(60km) : 90원$\times 60km$ = 5,400원
>> 무 지역−정 지역(100km) : 90원$\times 100km$ = 9,000원(∵ 무 지역과 정 지역은 C허브로 연결)
>> ∴ 28,400원
> ∴ 15,100원 손해이다.

Answer   16.②   17.④

18 연료비 10만 원 예산으로 3분기에 을 지역으로 물류 이동을 하려고 한다. 총 몇 회의 왕복이 가능한가?

① 3회

② 4회

③ 5회

④ 6회

✔해설 3분기의 km당 연료비는 휘발유 120원, 경유 75원이다.

집화터미널-A허브(60km) : 120원×60km = 7,200원

A허브-을 지역(50km) : 75원×50km = 3,750원

또는

집화터미널-B허브(50km) : 120원×50km = 6,000원

B허브-을 지역(70km) 75원×70km = 5,250원 이므로

을 지역은 A허브를 통해 이동하는 것이 더 저렴하다(10,950원)

∴ 총 4회 왕복 가능하다(∵ 1회 왕복 연료비 21,900원).

▌19~20▐ 푸르미펜션을 운영하고 있는 K씨는 P씨에게 예약 문의전화를 받았다. 아래의 예약일정과 정보를 보고 K씨가 P씨에게 안내할 사항으로 옳은 것을 고르시오.

〈푸르미펜션 1월 예약 일정〉

일	월	화	수	목	금	토
					1	2
					• 매 가능 • 난 가능 • 국 완료 • 죽 가능	• 매 가능 • 난 완료 • 국 완료 • 죽 가능
3	4	5	6	7	8	9
• 매 완료 • 난 가능 • 국 완료 • 죽 가능	• 매 가능 • 난 가능 • 국 가능 • 죽 가능	• 매 가능 • 난 가능 • 국 가능 • 죽 가능	• 매 가능 • 난 가능 • 국 가능 • 죽 가능	• 매 가능 • 난 가능 • 국 가능 • 죽 가능	• 매 완료 • 난 가능 • 국 완료 • 죽 완료	• 매 완료 • 난 가능 • 국 완료 • 죽 완료
10	11	12	13	14	15	16
• 매 가능 • 난 완료 • 국 완료 • 죽 가능	• 매 가능 • 난 가능 • 국 가능 • 죽 가능	• 매 가능 • 난 가능 • 국 가능 • 죽 가능	• 매 가능 • 난 가능 • 국 가능 • 죽 가능	• 매 가능 • 난 가능 • 국 가능 • 죽 가능	• 매 가능 • 난 완료 • 국 완료 • 죽 가능	• 매 가능 • 난 완료 • 국 완료 • 죽 가능

※ 완료 : 예약완료, 가능 : 예약가능

<푸르미펜션 이용요금>

(단위 : 만 원)

객실명	인원		이용요금			
			비수기		성수기	
	기준	최대	주중	주말	주중	주말
매	12	18	23	28	28	32
난	12	18	25	30	30	35
국	15	20	26	32	32	37
죽	30	35	30	34	34	40

※ 주말 : 금-토, 토-일, 공휴일 전날-당일

   성수기 : 7~8월, 12~1월

※ 기준인원초과 시 1인당 추가 금액 : 10,000원

K씨 : 감사합니다. 푸르미펜션입니다.

P씨 : 안녕하세요. 회사 워크숍 때문에 예약문의를 좀 하려고 하는데요. 1월 8~9일이나 15~16일에 "국"실에 예약이 가능할까요? 웬만하면 8~9일로 예약하고 싶은데….

K씨 : 인원이 몇 명이시죠?

P씨 : 일단 15명 정도이고요 추가적으로 3명 정도 더 올 수도 있습니다.

K씨 : _____ㄱ_____

P씨 : 기준 인원이 12명으로 되어있던데 너무 좁지는 않겠습니까?

K씨 : 두 방 모두 "국"실보다 방 하나가 적긴 하지만 총 면적은 비슷합니다. 하지만 화장실 등의 이용이 조금 불편하실 수는 있겠군요. 흠…. 8~9일로 예약하시면 비수기 가격으로 해드리겠습니다.

P씨 : 아, 그렇군요. 그럼 8~9일로 예약 하겠습니다. 그럼 가격은 어떻게 됩니까?

K씨 : _____ㄴ_____ 인원이 더 늘어나게 되시면 1인당 10,000원씩 추가로 결재하시면 됩니다. 일단 10만 원만 홈페이지의 계좌로 입금하셔서 예약 완료하시고 차액은 당일에 오셔서 카드나 현금으로 계산하시면 됩니다.

19 ㉠에 들어갈 K씨의 말로 가장 알맞은 것은?

① 죄송합니다만 1월 8~9일, 15~16일 모두 예약이 모두 차서 이용 가능한 방이 없습니다.

② 1월 8~9일이나 15~16일에는 "국"실 예약이 모두 차서 예약이 어렵습니다. 15명이시면 1월 8~9일에는 "난"실, 15~16일에는 "매"실에 예약이 가능하신데 어떻게 하시겠습니까?

③ 1월 8~9일에는 "국"실 예약 가능하시고 15~16일에는 예약이 완료되었습니다. 15명이시면 15~16일에는 "매"실에 예약이 가능하신데 어떻게 하시겠습니까?

④ 1월 8~9일에는 "국"실 예약이 완료되었고 15~16일에는 예약 가능하십니다. 15명이시면 8~9일에는 "난"실에 예약이 가능하신데 어떻게 하시겠습니까?

> ✔해설 8~9일, 15~16일 모두 "국"실은 모두 예약이 완료되었다. 워크숍 인원이 15~18명이라고 했으므로 "매"실 또는 "난"실을 추천해주는 것이 좋다. 8~9일에는 "난"실, 15~16일에는 "매"실의 예약이 가능하다.

20 ㉡에 들어갈 K씨의 말로 가장 알맞은 것은?

① 그럼 1월 8~9일로 "난"실 예약 도와드리겠습니다. 15인일 경우 기본 30만 원에 추가 3인 하셔서 총 33만 원입니다.

② 그럼 1월 8~9일로 "난"실 예약 도와드리겠습니다. 15인일 경우 기본 35만 원에 추가 3인 하셔서 총 38만 원입니다.

③ 그럼 1월 8~9일로 "매"실 예약 도와드리겠습니다. 15인일 경우 기본 28만 원에 추가 3인 하셔서 총 31만 원입니다.

④ 그럼 1월 8~9일로 "매"실 예약 도와드리겠습니다. 15인일 경우 기본 32만 원에 추가 3인 하셔서 총 35만 원입니다.

> ✔해설 8~9일로 예약하겠다고 했으므로 예약 가능한 방은 "난"실이다. 1월은 성수기이지만 비수기 가격으로 해주기로 했으므로 비수기 주말 가격인 기본 30만 원에 추가 3만 원으로 안내해야 한다.

▌21~22 ▌ 다음은 A병동 11월 근무 일정표 초안이다. A병동은 1~4조로 구성되어있으며 3교대로 돌아간다. 주어진 정보를 보고 물음에 답하시오.

	일	월	화	수	목	금	토
	1	2	3	4	5	6	7
오전	1조	1조	1조	1조	1조	2조	2조
오후	2조	2조	2조	3조	3조	3조	3조
야간	3조	4조	4조	4조	4조	4조	1조
	8	9	10	11	12	13	14
오전	2조	2조	2조	3조	3조	3조	3조
오후	3조	4조	4조	4조	4조	4조	1조
야간	1조	1조	1조	1조	2조	2조	2조
	15	16	17	18	19	20	21
오전	3조	4조	4조	4조	4조	4조	1조
오후	1조	1조	1조	1조	2조	2조	2조
야간	2조	2조	3조	3조	3조	3조	3조
	22	23	24	25	26	27	28
오전	1조	1조	1조	1조	2조	2조	2조
오후	2조	2조	3조	3조	3조	3조	3조
야간	4조	4조	4조	4조	4조	1조	1조
	29	30					
오전	2조	2조					
오후	4조	4조					
야간	1조	1조					

• 1조 : 나경원(조장), 임채민, 조은혜, 이가희, 김가은
• 2조 : 김태희(조장), 이샘물, 이가야, 정민지, 김민경
• 3조 : 우채원(조장), 황보경, 최희경, 김희원, 노혜은
• 4조 : 전혜민(조장), 고명원, 박수진, 김경민, 탁정은

※ 한 조의 일원이 개인 사유로 근무가 어려울 경우 당일 오프인 조의 일원(조장 제외) 중 1인이 대체 근무를 한다.

※ 대체근무의 경우 오전근무 직후 오후근무 또는 오후근무 직후 야간근무는 가능하나 야간근무 직후 오전근무는 불가능하다.

※ 대체근무가 어려운 경우 휴무자가 포함된 조의 조장이 휴무자의 업무를 대행한다.

21 다음은 직원들의 휴무 일정이다. 배정된 대체근무자로 적절하지 못한 사람은?

휴무일자	휴무 예정자	대체 근무 예정자
11월 3일	임채민	① 노혜은
11월 12일	황보경	② 이가희
11월 17일	우채원	③ 이샘물
11월 30일	고명원	④ 최희경

✔해설 11월 12일 황보경(3조)은 오전근무이다. 1조는 바로 전날 야간근무를 했기 때문에 대체해줄 수 없다. 따라서 이가희가 아닌 우채원(3조 조장)이 황보경의 업무를 대행한다.

22 다음은 직원들의 휴무 일정이다. 배정된 대체근무자로 적절하지 못한 사람은?

휴무일자	휴무 예정자	대체 근무 예정자
11월 7일	노혜은	① 탁정은
11월 10일	이샘물	② 최희경
11월 20일	김희원	③ 임채민
11월 29일	탁정은	④ 김희원

✔해설 11월 20일 김희원(3조)는 야간근무이다. 1조는 바로 다음 날 오전근무를 해야 하기 때문에 대체해줄 수 없다. 따라서 임채민이 아닌 우채원(3조 조장)이 김희원의 업무를 대행한다.

23 A씨와 B씨는 함께 내일 있을 시장동향 설명회에 발표할 준비를 함께하게 되었다. 우선 오전 동안 자료를 수집하고 오후 1시에 함께 회의하여 PPT작업과 도표로 작성해야 할 자료 등을 정리하고 각자 다음과 같은 업무를 나눠서 하려고 한다. 회의를 제외한 모든 업무는 혼자서 할 수 있는 일이고, 발표원고 작성은 PPT가 모두 작성되어야 시작할 수 있다. 각 영역당 소요시간이 다음과 같을 때 옳지 않은 것은? (단, 두 사람은 가장 빨리 작업을 끝낼 수 있는 방법을 선택한다)

업무	소요시간
회의	1시간
PPT 작성	2시간
PPT 검토	2시간
발표원고 작성	3시간
도표 작성	3시간

① 7시까지 발표 준비를 마칠 수 있다.

② 두 사람은 같은 시간에 준비를 마칠 수 있다.

③ A가 도표작성 능력이 떨어지고 두 사람의 PPT 활용 능력이 비슷하다면 발표원고는 A가 작성하게 된다.

④ 도표를 작성한 사람이 발표원고를 작성한다.

✔해설 ④ PPT작성이 도표작성보다 더 먼저 끝나므로 PPT를 작성한 사람이 발표원고를 작성하는 것이 일을 더 빨리 끝낼 수 있다.

Answer 21.② 22.③ 23.④

❙24~25❙ 사무용 비품 재고 현황을 파악하기 위해서 다음과 같이 표로 나타내었다. 다음 물음에 답하시오.

〈사무용 비품 재고 현황〉

품목	수량	단위당 가격
믹스커피	1BOX(100개입)	15,000
과자	2BOX(20개입)	1,800
서류봉투	78장	700
가위	3개	3,000
물티슈	1개	2,500
휴지	2롤	18,000
나무젓가락	15묶음	2,000
종이컵	3묶음	1,200
형광펜	23자루	500
테이프	5개	2,500
볼펜	12자루	1,600
수정액	5개	5,000

24 다음 중 가장 먼저 구매해야 할 비품은 무엇인가?

① 수정액　　　　　　　　　② 물티슈

③ 종이컵　　　　　　　　　④ 믹스커피

✔해설　물티슈의 재고는 1개로 가장 적게 남아있다.

25 비품 예산이 3만원 남았다고 할 때, 예산 안에 살 수 없는 것은 무엇인가?

① 믹스커피 1BOX+수정액 2개　　　② 형광펜 30자루+서류봉투 10장

③ 나무젓가락 10묶음+볼펜 8자루　　④ 휴지 1롤+물티슈 3개

✔해설　③ $(2,000 \times 10) + (1,600 \times 8)$
$= 20,000 + 12,800$
$= 32,800$

26 다음에서 제시되는 인적자원개발의 의미를 참고할 때, 올바른 설명으로 볼 수 없는 것은 어느 것인가?

> 인적자원개발은 행동의 변화를 통해 개인의 능력과 조직성과 향상을 통해 조직목표 달성 등의 다양한 목적이 제시되고 있다. 현행 「인적자원개발기본법」에서는 국가, 지방자치단체, 교육기관, 연구기관, 기업 등이 인적자원의 양성과 활용 및 배분을 통해 사회적 규범과 네트워크를 형성하는 모든 제반 활동으로 정의하고 있다. 이는 생산성 증대뿐만 아니라 직업준비교육, 직업능력개발을 위한 지속적인 교육에서 더 나아가 평생교육을 통한 국민들의 질적 생활을 향상시키는 데 그 목적을 두고 있다고 할 수 있다. 인적자원정책이라는 것은 미시적으로는 개인차원에서부터 거시적으로는 세계적으로 중요한 정책이며, 그 대상도 개인차원(학습자, 근로자, 중고령자 등), 기업차원, 지역차원 등으로 구분하여 볼 수 있다. 인력자원의 양성정책은 학교 및 교육훈련 기관 등의 교육기관을 통해 학습 받은 학습자를 기업이나 기타 조직에서 활용하는 것을 말한다.

① 인적자원개발의 개념은 교육, 개발훈련 등과 같이 추상적이고 복합적이다.
② 인적자원개발의 방법은 개인의 경력개발을 중심으로 전개되고 있다.
③ 인적자원개발은 가정, 학교, 기업, 국가 등 모든 조직에 확대 적용되고 있다.
④ 인적자원개발의 수혜자는 다양한 영역으로 구성되어 있다.

✔해설 인적자원개발은 개인과 조직의 공동 목표 달성을 위해 진행되는 것이라고 이해할 수 있으므로 개인의 경력개발을 중심으로 전개된다는 것은 타당하지 않다.
① 인적자원개발은 학습을 통한 교육과 훈련이 핵심이므로 추상적이고 복합적인 개념이라고 할 수 있다.
③④ 기존의 조직 내 인력의 양성 차원을 넘어 근로자, 비근로자, 중고령자, 지역 인재 등으로까지 확대 적용되는 것이 인적자원개발의 의의라고 판단할 수 있다.

27 다음 〈보기〉에서와 같은 상황에 대한 적절한 설명이 아닌 것은 어느 것인가?

〈보기〉

　신사업을 개발하기 위해 TF팀을 구성한 오 부장은 기술 개발의 가시적인 성과가 눈앞으로 다가와 곧 완제품 출시를 앞두고 있다. 경쟁 아이템이 없는 신제품으로 적어도 사업 초기에는 완벽한 독점 체제를 구축할 수 있을 것으로 전망된다. 오 부장은 그간 투입한 기술개발비와 향후 추가로 들어가게 될 홍보비, 마케팅비, 마진 등을 산정하여 신제품의 소비자 단가를 책정해야 하는 매우 중요한 과제를 앞두고 직원들과 함께 적정 가격 책정을 위해 머리를 맞대고 회의를 진행 중이다.

① 실제비용보다 책정비용을 낮게 산정하면 제품의 경쟁력이 손실될 수 있다.
② 향후 추가될 예상 홍보비를 실제보다 과도하게 책정하여 단가에 반영할 경우 적자가 발생할 수 있다.
③ 개발비 등 투입 예상비용이 실제 집행된 비용과 같을수록 이상적이라고 볼 수 있다.
④ 마케팅 비용을 너무 적게 산정하여 단가에 반영할 경우 적자가 쌓일 수 있다.

　✔해설　책정비용과 실제비용과의 관계는 다음과 같이 정리할 수 있다.
　책정비용 > 실제비용 → 경쟁력 손실
　책정비용 < 실제비용 → 적자 발생
　책정비용 = 실제비용 → 이상적
　따라서 보기 ②와 같은 경우 예상되는 예산을 많이 책정하여 실제 비용을 예상보다 덜 집행한 경우가 되므로 적자가 발생하지는 않으나, 가격경쟁력이 약해지는 결과를 초래하게 된다.

▌28~29▐ H공사 홍보팀에 근무하는 이 대리는 사내 홍보 행사를 위해 행사 관련 준비를 진행하고 있다. 다음을 바탕으로 물음에 답하시오.

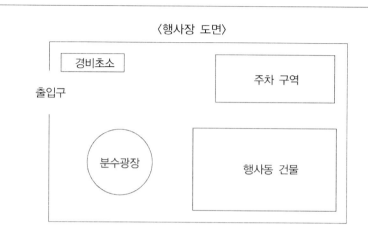

〈행사장 도면〉

〈행사 장소〉
행사동 건물 1층 회의실

〈추가 예상 비용〉

• 금연 표지판 설치
- 단독 입식 : 45,000원
- 게시판 : 120,000원
• 쓰레기통 설치
- 단독 설치 : 25,000원/개
- 벤치 2개 + 쓰레기통 1개 : 155,000원
• 안내 팸플릿 제작

구분	단면	양면
2도 인쇄	5,000원/100장	10,000원/100장
5도 인쇄	1,300원/100장	25,000원/100장

28 행사를 위해 홍보팀에서 추가로 설치해야 할 물품이 다음과 같을 때, 추가 물품 설치에 필요한 비용은 총 얼마인가?

> • 금연 표지판 설치
> – 분수대 후면 1곳
> – 주차 구역과 경비초소 주변 각 1곳
> – 행사동 건물 입구 1곳
> ※ 실외는 게시판 형태로 설치하고 행사장 입구에는 단독 입식 형태로 설치
> • 쓰레기통
> – 분수광장 금연 표지판 옆 1곳
> – 주차 구역과 경비초소 주변 각 1곳
> ※ 분수광장 쓰레기통은 벤치와 함께 설치

① 550,000원
② 585,000원
③ 600,000원
④ 610,000원

✔해설 장소별로 계산해 보면 다음과 같다.
• 분수광장 후면 1곳(게시판) : 120,000원
• 주차 구역과 경비초소 주변 각 1곳(게시판) : 120,000원 × 2 = 240,000원
• 행사동 건물 입구 1곳(단독 입식) : 45,000원
• 분수광장 금연 표지판 옆 1개(벤치 2개 + 쓰레기통 1개) : 155,000원
• 주차 구역과 경비초소 주변 각 1곳(단독) : 25,000 × 2 = 50,000원
따라서 총 610,000원의 경비가 소요된다.

29 이 대리는 추가 비용을 정리하여 팀장에게 보고하였다. 이를 검토한 팀장은 다음과 같이 별도의 지시사항을 전달하였다. 팀장의 지시사항에 따른 팸플릿의 총 인쇄에 소요되는 비용은 얼마인가?

> "이 대리, 아무래도 팸플릿을 별도로 준비하는 게 좋겠어. 한 800명 정도 참석할 거 같으니 인원수대로 준비하고 2도 단면과 5도 양면 인쇄를 반씩 섞도록 하게."

① 99,000원
② 100,000원
③ 110,000원
④ 120,000원

✔해설 참석인원이 800명이므로 800장을 준비해야 한다. 이 중 400장은 2도 단면, 400장은 5도 양면 인쇄로 진행해야 하므로 총 인쇄비용은 (5,000 × 4) + (25,000 × 4) = 120,000원이다.

30 업무상 발생하는 비용은 크게 직접비와 간접비로 구분하게 되는데, 그 구분 기준이 명확하지 않은 경우도 있고 간혹 기준에 따라 직접비로도 간접비로도 볼 수 있는 경우가 있다. 다음에 제시되는 글을 토대로 할 때, 직접비와 간접비를 구분하는 가장 핵심적인 기준은 어느 것인가?

> • 인건비 : 해당 프로젝트에 투입된 총 인원수 및 지급 총액을 정확히 알 수 있으므로 직접비이다.
> • 출장비 : 출장에 투입된 금액을 해당 오더 건별로 구분할 수 있으므로 직접비이다.
> • 보험료 : 자사의 모든 수출 물품에 대한 해상보험을 연 단위 일괄적으로 가입했으므로 간접비이다.
> • 재료비 : 매 건별로 소요 자재를 산출하여 그에 맞는 양을 구입하였으므로 직접비이다.
> • 광고료 : 경영상 결과물과 자사 이미지 제고 등 전반적인 경영활동을 위한 것이므로 간접비이다.
> • 건물관리비 : 건물을 사용하는 모든 직원과 눈에 보이지 않는 회사 업무 자체를 위한 비용이므로 간접비이다.

① 생산물과 밀접한 관련성이 있느냐의 여부
② 생산물의 생산 완료 전 또는 후에 투입되었는지의 여부
③ 생산물의 가치에 차지하는 비중이 일정 기준을 넘느냐의 여부
④ 생산물의 생산 과정에 기여한 몫으로 추정이 가능한 것이냐의 여부

✔해설 인건비, 출장비, 재료비 등은 비용 총액을 특정 제품이나 서비스의 생산에 기여한 몫만큼 배분하여 계산할 수 있기 때문에 해당 제품이나 서비스의 직접비용으로 간주할 수 있는 것이다. 반면, 보험료, 광고료, 건물관리비 등 공통적인 비용으로 계산될 수밖에 없는 비용들은 간접비로 분류한다. 제시된 내용들은 모두 이러한 비용들의 기여도별 분배가 가능한 것인지의 여부에 따라 구분되고 있다고 볼 수 있다.

CHAPTER

04 조직이해능력

1 조직과 개인

(1) 조직

① 조직과 기업

　㉠ 조직 : 두 사람 이상이 공동의 목표를 달성하기 위해 의식적으로 구성된 상호작용과 조정을 행하는 행동의 집합체

　㉡ 기업 : 노동, 자본, 물자, 기술 등을 투입하여 제품이나 서비스를 산출하는 기관

② 조직의 유형

기준	구분	예
공식성	공식조직	조직의 규모, 기능, 규정이 조직화된 조직
	비공식조직	인간관계에 따라 형성된 자발적 조직
영리성	영리조직	사기업
	비영리조직	정부조직, 병원, 대학, 시민단체
조직규모	소규모 조직	가족 소유의 상점
	대규모 조직	대기업

(2) 경영

① 경영의 의미 : 경영은 조직의 목적을 달성하기 위한 전략, 관리, 운영활동이다.

② 경영의 구성요소

　㉠ 경영목적 : 조직의 목적을 달성하기 위한 방법이나 과정

　㉡ 인적자원 : 조직의 구성원·인적자원의 배치와 활용

　㉢ 자금 : 경영활동에 요구되는 돈·경영의 방향과 범위 한정

　㉣ 경영전략 : 변화하는 환경에 적응하기 위한 경영활동 체계화

③ 경영자의 역할

대인적 역할	정보적 역할	의사결정적 역할
• 조직의 대표자 • 조직의 리더 • 상징자, 지도자	• 외부환경 모니터 • 변화전달 • 정보전달자	• 문제 조정 • 대외적 협상 주도 • 분쟁조정자, 자원배분자, 협상가

(3) 조직체제 구성요소

① 조직목표 : 전체 조직의 성과, 자원, 시장, 인력개발, 혁신과 변화, 생산성에 대한 목표

② 조직구조 : 조직 내의 부문 사이에 형성된 관계

③ 조직문화 : 조직구성원들 간에 공유하는 생활양식이나 가치

④ 규칙 및 규정 : 조직의 목표나 전략에 따라 수립되어 조직구성원들이 활동범위를 제약하고 일관성을 부여하는 기능

예제 1

주어진 글의 빈칸에 들어갈 말로 가장 적절한 것은?

> 조직이 지속되게 되면 조직구성원들 간 생활양식이나 가치를 공유하게 되는데 이를 조직의 (㉠)라고 한다. 이는 조직구성원들의 사고와 행동에 영향을 미치며 일체감과 정체성을 부여하고 조직이 (㉡)으로 유지되게 한다. 최근 이에 대한 중요성이 부각되면서 긍정적인 방향으로 조성하기 위한 경영층의 노력이 이루어지고 있다.

① ㉠ : 목표, ㉡ : 혁신적
② ㉠ : 구조, ㉡ : 단계적
③ ㉠ : 문화, ㉡ : 안정적
④ ㉠ : 규칙, ㉡ : 체계적

출제의도

본 문항은 조직체계의 구성요소들의 개념을 묻는 문제이다.

해 설

조직문화란 조직구성원들 간에 공유하게 되는 생활양식이나 가치를 말한다. 이는 조직구성원들의 사고와 행동에 영향을 미치며 일체감과 정체성을 부여하고 조직이 안정적으로 유지되게 한다.

답 ③

---

(4) 조직변화의 과정

환경변화 인지 → 조직변화 방향 수립 → 조직변화 실행 → 변화결과 평가

(5) 조직과 개인

개인	지식, 기술, 경험 → ← 연봉, 성과급, 인정, 칭찬, 만족감	조직

2 조직이해능력을 구성하는 하위능력

(1) 경영이해능력

① 경영 : 경영은 조직의 목적을 달성하기 위한 전략, 관리, 운영활동이다.

    ㉠ 경영의 구성요소 : 경영목적, 인적자원, 자금, 전략

    ㉡ 경영의 과정

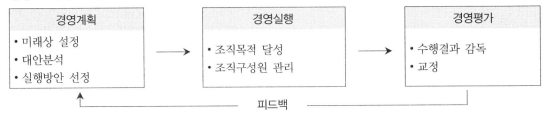

    ㉢ 경영활동 유형

      • 외부경영활동 : 조직외부에서 조직의 효과성을 높이기 위해 이루어지는 활동이다.

      • 내부경영활동 : 조직내부에서 인적, 물적 자원 및 생산기술을 관리하는 것이다.

② 의사결정과정

    ㉠ 의사결정의 과정

      • 확인 단계 : 의사결정이 필요한 문제를 인식한다.

      • 개발 단계 : 확인된 문제에 대하여 해결방안을 모색하는 단계이다.

      • 선택 단계 : 해결방안을 마련하며 실행가능한 해결안을 선택한다.

    ㉡ 집단의사결정의 특징

      • 지식과 정보가 더 많아 효과적인 결정을 할 수 있다.

      • 다양한 견해를 가지고 접근할 수 있다.

      • 결정된 사항에 대하여 의사결정에 참여한 사람들이 해결책을 수월하게 수용하고, 의사소통의 기회도 향상된다.

      • 의견이 불일치하는 경우 의사결정을 내리는데 시간이 많이 소요된다.

      • 특정 구성원에 의해 의사결정이 독점될 가능성이 있다.

③ 경영전략

    ㉠ 경영전략 추진과정

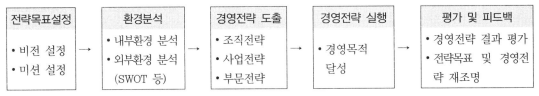

ⓛ 마이클 포터의 본원적 경쟁전략

		전략적 우위 요소	
		고객들이 인식하는 제품의 특성	원가우위
전략적 목표	산업전체	차별화	원가우위
	산업의 특정부문	집중화	
		(차별화 + 집중화)	(원가우위 + 집중화)

예제 2

다음은 경영전략을 세우는 방법 중 하나인 SWOT에 따른 어느 기업의 분석결과이다. 다음 중 주어진 기업 분석 결과에 대응하는 전략은?

강점(Strength)	• 차별화된 맛과 메뉴 • 폭넓은 네트워크
약점(Weakness)	• 매출의 계절적 변동폭이 큼 • 딱딱한 기업 이미지
기회(Opportunity)	• 소비자의 수요 트렌드 변화 • 가계의 외식 횟수 증가 • 경기회복 가능성
위협(Threat)	• 새로운 경쟁자의 진입 가능성 • 과도한 가계부채

내부환경 외부환경	강점(Strength)	약점(Weakness)
기회 (Opportunity)	① 계절 메뉴 개발을 통한 분기 매출 확보	② 고객의 소비패턴을 반영한 광고를 통한 이미지 쇄신
위협 (Threat)	③ 소비 트렌드 변화를 반영한 시장 세분화 정책	④ 고급화 전략을 통한 매출 확대

출제의도

본 문항은 조직이해능력의 하위능력인 경영관리능력을 측정하는 문제이다. 기업에서 경영전략을 세우는데 많이 사용되는 SWOT분석에 대해 이해하고 주어진 분석표를 통해 가장 적절한 경영전략을 도출할 수 있는지를 확인할 수 있다.

해 설

② 딱딱한 이미지를 현재 소비자의 수요 트렌드라는 환경 변화에 대응하여 바꿀 수 있다.

답 ②

④ 경영참가제도

ㄱ 목적
- 경영의 민주성을 제고할 수 있다.
- 공동으로 문제를 해결하고 노사 간의 세력 균형을 이룰 수 있다.
- 경영의 효율성을 제고할 수 있다.
- 노사 간 상호 신뢰를 증진시킬 수 있다.

ㄴ 유형
- 경영참가 : 경영자의 권한인 의사결정과정에 근로자 또는 노동조합이 참여하는 것
- 이윤참가 : 조직의 경영성과에 대하여 근로자에게 배분하는 것
- 자본참가 : 근로자가 조직 재산의 소유에 참여하는 것

예제 3

다음은 중국의 H사에서 시행하는 경영참가제도에 대한 기사이다. 밑줄 친 이 제도는 무엇인가?

> H사는 '사람' 중심의 수평적 기업문화가 발달했다. H사는 <u>이 제도</u>의 시행을 통해 직원들이 경영에 간접적으로 참여할 수 있게 하였는데 이에 따라 자연스레 기업에 대한 직원들의 책임 의식도 강화됐다. 참여주주는 8만2471명이다. 모두 H사의 임직원이며, 이 중 창립자인 CEO R은 개인 주주로 총 주식의 1.18%의 지분과 퇴직연금으로 주식총액의 0.21%만을 보유하고 있다.

① 노사협의회제도   ② 이윤분배제도
③ 종업원지주제도   ④ 노동주제도

출제의도

경영참가제도는 조직원이 자신이 속한 조직에서 주인의식을 갖고 조직의 의사결정 과정에 참여할 수 있도록 하는 제도이다. 본 문항은 경영참가제도의 유형을 구분해 낼 수 있는가를 묻는 질문이다.

해 설

종업원지주제도 … 기업이 자사 종업원에게 특별한 조건과 방법으로 자사 주식을 분양·소유하게 하는 제도이다. 이 제도의 목적은 종업원에 대한 근검저축의 장려, 공로에 대한 보수, 자사에의 귀속의식 고취, 자사에의 일체감 조성 등이 있다.

답 ③

---

(2) 체제이해능력

① 조직목표 : 조직이 달성하려는 장래의 상태

ㄱ 조직목표의 기능
- 조직이 존재하는 정당성과 합법성 제공
- 조직이 나아갈 방향 제시
- 조직구성원 의사결정의 기준
- 조직구성원 행동수행의 동기유발
- 수행평가 기준
- 조직설계의 기준

ⓒ 조직목표의 특징

- 공식적 목표와 실제적 목표가 다를 수 있음
- 다수의 조직목표 추구 가능
- 조직목표 간 위계적 상호관계가 있음
- 가변적 속성
- 조직의 구성요소와 상호관계를 가짐

② 조직구조

㉠ 조직구조의 결정요인 : 전략, 규모, 기술, 환경

ⓒ 조직구조의 유형과 특징

유형	특징
기계적 조직	• 구성원들의 업무가 분명하게 규정 • 엄격한 상하 간 위계질서 • 다수의 규칙과 규정 존재
유기적 조직	• 비공식적인 상호의사소통 • 급변하는 환경에 적합한 조직

③ 조직문화

㉠ 조직문화 기능

- 조직구성원들에게 일체감, 정체성 부여
- 조직몰입 향상
- 조직구성원들의 행동지침 : 사회화 및 일탈행동 통제
- 조직의 안정성 유지

ⓒ 조직문화 구성요소(7S) : 공유가치(Shared Value), 리더십 스타일(Style), 구성원(Staff), 제도·절차 (System), 구조(Structure), 전략(Strategy), 스킬(Skill)

④ 조직 내 집단

㉠ 공식적 집단 : 조직에서 의식적으로 만든 집단으로 집단의 목표, 임무가 명확하게 규정되어 있다.

　예 임시위원회, 작업팀 등

ⓒ 비공식적 집단 : 조직구성원들의 요구에 따라 자발적으로 형성된 집단이다.

　예 스터디모임, 봉사활동 동아리, 각종 친목회 등

(3) 업무이해능력

① 업무 : 업무는 상품이나 서비스를 창출하기 위한 생산적인 활동이다.

    ㉠ 업무의 종류

부서	업무(예)
총무부	주주총회 및 이사회개최 관련 업무, 의전 및 비서업무, 집기비품 및 소모품의 구입과 관리, 사무실 임차 및 관리, 차량 및 통신시설의 운영, 국내외 출장 업무 협조, 복리후생 업무, 법률자문과 소송관리, 사내외 홍보 광고업무
인사부	조직기구의 개편 및 조정, 업무분장 및 조정, 인력수급계획 및 관리, 직무 및 정원의 조정 종합, 노사관리, 평가관리, 상벌관리, 인사발령, 교육체계 수립 및 관리, 임금제도, 복리후생제도 및 지원업무, 복무관리, 퇴직관리
기획부	경영계획 및 전략 수립, 전사기획업무 종합 및 조정, 중장기 사업계획의 종합 및 조정, 경영정보 조사 및 기획보고, 경영진단업무, 종합예산수립 및 실적관리, 단기사업계획 종합 및 조정, 사업계획, 손익추정, 실적관리 및 분석
회계부	회계제도의 유지 및 관리, 재무상태 및 경영실적 보고, 결산 관련 업무, 재무제표분석 및 보고, 법인세, 부가가치세, 국세 지방세 업무자문 및 지원, 보험가입 및 보상업무, 고정자산 관련 업무
영업부	판매 계획, 판매예산의 편성, 시장조사, 광고 선전, 견적 및 계약, 제조지시서의 발행, 외상매출금의 청구 및 회수, 제품의 재고 조절, 거래처로부터의 불만처리, 제품의 애프터서비스, 판매원가 및 판매가격의 조사 검토

예제 4

다음은 I기업의 조직도와 팀장님의 지시사항이다. H씨가 팀장님의 심부름을 수행하기 위해 연락해야 할 부서로 옳은 것은?

   H씨! 내가 지금 너무 바빠서 그러는데 부탁 좀 들어줄래요? 다음 주 중에 사장님 모시고 클라이언트와 만나야 할 일이 있으니까 사장님 일정을 확인해주시구요. 이번 달에 신입사원 교육·훈련계획이 있었던 것 같은데 정확한 시간이랑 날짜를 확인해주세요.

① 총무부, 인사부   ② 총무부, 홍보실
③ 기획부, 총무부   ④ 영업부, 기획부

출제의도

조직도와 부서의 명칭을 보고 개략적인 부서의 소관 업무를 분별할 수 있는지를 묻는 문항이다.

해 설

사장의 일정에 관한 사항은 비서실에서 관리하나 비서실이 없는 회사의 경우 총무부(또는 팀)에서 비서업무를 담당하기도 한다. 또한 신입사원 관리 및 교육은 인사부에서 관리한다.

답 ①

ⓛ 업무의 특성
- 공통된 조직의 목적 지향
- 요구되는 지식, 기술, 도구의 다양성
- 다른 업무와의 관계, 독립성
- 업무수행의 자율성, 재량권

② 업무수행 계획
ⓗ 업무지침 확인 : 조직의 업무지침과 나의 업무지침을 확인한다.
ⓛ 활용 자원 확인 : 시간, 예산, 기술, 인간관계
ⓒ 업무수행 시트 작성
- 간트 차트 : 단계별로 업무의 시작과 끝 시간을 바 형식으로 표현
- 워크 플로 시트 : 일의 흐름을 동적으로 보여줌
- 체크리스트 : 수행수준 달성을 자가점검

Point ≫ 간트 차트와 플로 차트

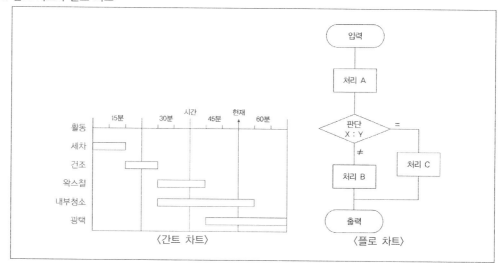

〈간트 차트〉　　　　　〈플로 차트〉

다음 중 업무수행 시 단계별로 업무를 시작해서 끝나는 데까지 걸리는 시간을 바 형식으로 표시하여 전체 일정 및 단계별로 소요되는 시간과 각 업무활동 사이의 관계를 볼 수 있는 업무수행 시트는?

① 간트 차트
② 워크 플로 차트
③ 체크리스트
④ 퍼트 차트

업무수행 계획을 수립할 때 간트 차트, 워크 플로 시트, 체크리스트 등의 수단을 이용하면 효과적으로 계획하고 마지막에 급하게 일을 처리하지 않고 주어진 시간 내에 끝마칠 수 있다. 본 문항은 그러한 수단이 되는 차트들의 이해도를 묻는 문항이다.

② 일의 절차 처리의 흐름을 표현하기 위해 기호를 써서 도식화한 것
③ 업무를 세부적으로 나누고 각 활동별로 수행수준을 달성했는지를 확인하는 데 효과적
④ 하나의 사업을 수행하는 데 필요한 다수의 세부사업을 단계와 활동으로 세분하여 관련된 계획 공정으로 묶고, 각 활동의 소요시간을 낙관시간, 최가능시간, 비관시간 등 세 가지로 추정하고 이를 평균하여 기대시간을 추정

답 ①

③ 업무 방해요소

　㉠ 다른 사람의 방문, 인터넷, 전화, 메신저 등

　㉡ 갈등관리

　㉢ 스트레스

(4) 국제감각

① 세계화와 국제경영

　㉠ 세계화 : 3Bs(국경 ; Border, 경계 ; Boundary, 장벽 ; Barrier)가 완화되면서 활동범위가 세계로 확대되는 현상이다.

　㉡ 국제경영 : 다국적 내지 초국적 기업이 등장하여 범지구적 시스템과 네트워크 안에서 기업 활동이 이루어지는 것이다.

② 이문화 커뮤니케이션 : 서로 상이한 문화 간 커뮤니케이션으로 직업인이 자신의 일을 수행하는 가운데 문화배경을 달리하는 사람과 커뮤니케이션을 하는 것이 이에 해당한다. 이문화 커뮤니케이션은 언어적 커뮤니케이션과 비언어적 커뮤니케이션으로 구분된다.

③ 국제 동향 파악 방법

　　㉠ 관련 분야 해외사이트를 방문해 최신 이슈를 확인한다.

　　㉡ 매일 신문의 국제면을 읽는다.

　　㉢ 업무와 관련된 국제잡지를 정기구독 한다.

　　㉣ 고용노동부, 한국산업인력공단, 산업통상자원부, 중소기업청, 상공회의소, 산업별인적자원개발협의체 등의 사이트를 방문해 국제동향을 확인한다.

　　㉤ 국제학술대회에 참석한다.

　　㉥ 업무와 관련된 주요 용어의 외국어를 알아둔다.

　　㉦ 해외서점 사이트를 방문해 최신 서적 목록과 주요 내용을 파악한다.

　　㉧ 외국인 친구를 사귀고 대화를 자주 나눈다.

④ 대표적인 국제매너

　　㉠ 미국인과 인사할 때에는 눈이나 얼굴을 보는 것이 좋으며 오른손으로 상대방의 오른손을 힘주어 잡았다가 놓아야 한다.

　　㉡ 러시아와 라틴아메리카 사람들은 인사할 때에 포옹을 하는 경우가 있는데 이는 친밀함의 표현이므로 자연스럽게 받아주는 것이 좋다.

　　㉢ 명함은 받으면 꾸기거나 계속 만지지 않고 한 번 보고나서 탁자 위에 보이는 채로 대화하거나 명함집에 넣는다.

　　㉣ 미국인들은 시간 엄수를 중요하게 생각하므로 약속시간에 늦지 않도록 주의한다.

　　㉤ 스프를 먹을 때에는 몸쪽에서 바깥쪽으로 숟가락을 사용한다.

　　㉥ 생선요리는 뒤집어 먹지 않는다.

　　㉦ 빵은 스프를 먹고 난 후부터 디저트를 먹을 때까지 먹는다.

CHAPTER 04

출제예상문제

1 조직의 개념을 다음과 같이 구분할 때, 비공식 조직(A)과 비영리 조직(B)을 알맞게 짝지은 것은 어느 것인가?

> 조직은 공식화 정도에 따라 공식조직과 비공식조직으로 구분할 수 있다. 공식조직은 조직의 구조, 기능, 규정 등이 조직화되어 있는 조직을 의미하며, 비공식조직은 개인들의 협동과 상호작용에 따라 형성된 자발적인 집단 조직이다. 즉, 비공식조직은 인간관계에 따라 형성된 것으로, 조직이 발달해 온 역사를 보면 비공식조직으로부터 공식화가 진행되어 공식조직으로 발전해 왔다.
>
> 또한 조직은 영리성을 기준으로 영리조직과 비영리조직으로 구분할 수 있다. 영리조직은 기업과 같이 이윤을 목적으로 하는 조직이며, 비영리조직은 공익을 추구하는 기관이나 단체 등이 해당한다.
>
> 조직을 규모로 구분하여 보았을 때, 가족 소유의 상점과 같이 소규모 조직도 있지만, 대기업과 같이 대규모 조직도 있으며, 최근에는 다국적 기업도 증가하고 있다. 다국적 기업이란 동시에 둘 이상의 국가에서 법인을 등록하고 경영활동을 벌이는 기업을 의미한다.

	(A)	(B)
①	사기업	시민 단체
②	병원	대학
③	계모임	종교 단체
④	대기업	소규모 빵집

> **해설** 비공식조직은 자발적으로 형성된 조직으로 구조나 규정 등이 조직화되어 있지 않아야 한다. 또한 비영리조직은 이윤 추구가 아닌 공익을 추구하는 기관이나 단체가 해당되므로 주어진 보기에서는 계모임과 종교 단체가 각각 비공식조직과 비영리조직에 해당된다고 볼 수 있다.

2 다음 중 밑줄 친 (개)와 (내)에 대한 설명으로 적절하지 않은 것은 어느 것인가?

> 조직 내에서는 (개)개인이 단독으로 의사결정을 내리는 경우도 있지만 집단이 의사결정을 하기도 한다. 조직에서 여러 문제가 발생하면 직업인은 의사결정과정에 참여하게 된다. 이때 조직의 의사결정은 (내)집단적으로 이루어지는 경우가 많으며, 여러 가지 제약요건이 존재하기 때문에 조직의 의사결정에 적합한 과정을 거쳐야 한다. 조직의 의사결정은 개인의 의사결정에 비해 복잡하고 불확실하다. 따라서 대부분 기존의 결정을 조금씩 수정해나가는 방향으로 이루어진다.

① (내)가 보다 효과적인 결정을 내릴 확률이 높다.
② (개)는 결정된 사항에 대하여 의사결정에 참여한 사람들이 해결책을 수월하게 수용하지 않을 수도 있다.
③ (개)는 의사결정을 신속히 내릴 수 있다.
④ (개)는 특정 구성원에 의해 의사결정이 독점될 가능성이 있다.

✔해설 집단의사결정은 한 사람이 가진 지식보다 집단이 가지고 있는 지식과 정보가 더 많아 효과적인 결정을 할 수 있다. 또한 다양한 집단구성원이 갖고 있는 능력은 각기 다르므로 각자 다른 시각으로 문제를 바라봄에 따라 다양한 견해를 가지고 접근할 수 있다. 집단의사결정을 할 경우 결정된 사항에 대하여 의사결정에 참여한 사람들이 해결책을 수월하게 수용하고, 의사소통의 기회도 향상되는 장점이 있다. 반면에 의견이 불일치하는 경우 의사결정을 내리는 데 시간이 많이 소요되며, 특정 구성원에 의해 의사결정이 독점될 가능성이 있다.

3 다음 중 A사가 새롭게 도입하게 된 경영참가제도를 운영함에 있어 나타날 현상으로 보기에 적절하지 않은 것은 어느 것인가?

① 노사 양측의 공동 참여로 인해 신속하지만 부실한 의사결정 우려

② 근로자의 경영능력 부족에 따른 부작용

③ 노조의 고유 기능인 단체 교섭력 약화 우려

④ 제도에 참여하는 근로자가 모든 근로자의 권익을 효과적으로 대변할 수 있는 지 여부

> ✔ 해설 경영참가제도의 문제점
> • 경영능력이 부족한 근로자가 경영에 참여할 경우 의사결정이 늦어지고 합리적으로 일어날 수 없다.
> • 대표로 참여하는 근로자가 조합원들의 권익을 지속적으로 보장할 수 있는가의 문제.
> • 경영자의 고유한 권리인 경영권 약화
> • 경영참가제도를 통해 분배문제를 해결함으로써 노동조합의 단체교섭 기능이 약화
> 따라서 신속한 의사 결정을 기대하는 것은 경영참가제도에 대한 적절한 판단으로 보기 어렵다.

4 다음 글의 빈 칸에 들어갈 적절한 말은 어느 것인가?

> 하나의 조직이 조직의 목적을 달성하기 위해서는 이를 관리, 운영하는 활동이 요구된다. 이러한 활동은 조직이 수립한 목적을 달성하기 위하여 계획을 세우고 실행하고 그 결과를 평가하는 과정이다. 직업인은 조직의 한 구성원으로서 자신이 속한 조직이 어떻게 운영되고 있으며, 어떤 방향으로 흘러가고 있는지, 현재 운영체제의 문제는 무엇이고 생산성을 높이기 위해 어떻게 개선되어야 하는지 등을 이해하고 자신의 업무 영역에 맞게 적용하는 (   )이 요구된다.

① 체제이해능력　　　　　　　　② 경영이해능력

③ 업무이해능력　　　　　　　　④ 자기개발능력

> ✔ 해설 경영은 한마디로 조직의 목적을 달성하기 위한 전략, 관리, 운영활동이다. 즉, 경영은 경영의 대상인 조직과 조직의 목적, 경영의 내용인 전략, 관리, 운영으로 이루어진다. 과거에는 경영(administration)을 단순히 관리(management)라고 생각하였다. 관리는 투입되는 자원을 최소화하거나 주어진 자원을 이용하여 추구하는 목표를 최대한 달성하기 위한 활동이다.

5   '조직몰입'에 대한 다음 설명을 참고할 때, 조직몰입의 유형에 대한 설명으로 적절하지 않은 것은 어느 것인가?

> 몰입이라는 용어는 사회학에서 주로 다루어져 왔는데 사전적 의미에서 몰입이란 "감성적 또는 지성적으로 특정의 행위과정에서 빠지는 것"이므로 몰입은 타인, 집단, 조직과의 관계를 포함하며, 조직몰입은 종업원이 자신이 속한 조직에 대해 얼마만큼의 열정을 가지고 몰두하느냐 하는 정도를 가리키는 개념이다. 즉, 조직에 대한 충성 동일화 및 참여의 견지에서 조직구성원이 가지는 조직에 대한 성향을 의미한다. 또한 조직몰입은 조직의 목표와 가치에 대한 강한 신념과 조직을 위해 상당한 노력을 하고자 하는 의지 및 조직의 구성원으로 남기를 바라는 강한 욕구를 의미하기도 한다. 최근에는 직무만족보다 성과나 이직 등의 조직현상에 대한 설명력이 높다는 관점에서 조직에 대한 조직구성원의 태도를 나타내는 조직몰입은 많은 연구의 관심사가 되고 있다.

① '도덕적 몰입'은 비영리적 조직에서 찾아볼 수 있는 조직몰입 형태이다.
② 조직과 구성원 간의 관계가 타산적이고 합리적일 때의 유형은 '계산적 몰입'에 해당된다.
③ 조직과 구성원 간의 관계가 부정적, 착취적 상태인 몰입의 유형은 '소외적 몰입'에 해당된다.
④ '도덕적 몰입'은 몰입의 정도가 가장 낮다고 할 수 있다.

✔해설 • 도덕적 몰입 : 비영리적 조직에서 찾아볼 수 있는 조직몰입 형태로 도덕적이며 규범적 동기에서 조직에 참가하는 것으로 조직몰입의 강도가 제일 높으며 가장 긍정적 조직으로의 지향을 나타낸다.
• 계산적 몰입 : 조직과 구성원 간의 관계가 타산적이고 합리적일 때의 유형으로 몰입의 정도는 중간 정도를 보이게 되며, 몰입 방향은 긍정적 혹은 부정적 방향으로 나타날 수 있다. 이러한 몰입은 공인적 조직에서 찾아볼 수 있으며 단순한 참여와 근속만을 의미한다.
• 소외적 몰입 : 주로 교도소, 포로수용소 등 착취적인 관계에서 볼 수 있는 것으로 조직과 구성원 간의 관계가 부정적 상태인 몰입이다.

6   다음과 같은 팀장의 지시 사항을 수행하기 위하여 업무협조를 구해야 할 조직의 명칭이 순서대로 올바르게 나열된 것은 어느 것인가?

> 다들 사장님 보고 자료 때문에 정신이 없는 모양인데 이건 자네가 좀 처리해줘야겠군. 다음 주에 있을 기자단 간담회 자료가 필요한데 옆 부서 박 부장한테 말해 두었으니 오전 중에 좀 가져다주게나. 그리고 내일 사장님께서 보고 직전에 외부에서 오신다던데 어디서 오시는 건지 일정 좀 확인해서 알려주고, 이틀 전 퇴사한 엄 차장 퇴직금 처리가 언제 마무리 될지도 알아봐 주게나. 아, 그리고 말이야, 자네는 아직 사원증이 발급되지 않았나? 확인해 보고 얼른 요청해서 걸고 다니게.

① 기획실, 경영관리실, 총무부, 비서실

② 영업2팀, 홍보실, 회계팀, 물류팀

③ 홍보실, 비서실, 인사부, 총무부

④ 경영관리실, 회계팀, 기획실, 총무부

✔해설 일반적으로 기자들을 상대하는 업무는 홍보실, 사장의 동선 및 일정 관리는 비서실, 퇴직 및 퇴직금 관련 업무는 인사부, 사원증 제작은 총무부에서 관장하는 업무로 분류된다.

7   다음 글을 참고할 때, 조직문화의 기능을 적절하게 설명하지 못한 것은 어느 것인가?

> 서로의 조직문화가 확연히 다른 두 기업 간의 합병은 기업문화에 어떤 영향을 미칠까. 1998년 독일의 다임러벤츠는 미국의 크라이슬러 자동차를 인수 합병했다. 그러나 꿈의 결합이 추락하는 건 시간 문제였다. 왜냐하면 서로의 조직문화가 너무 달라서 그들은 늘 충돌했기 때문이다.
> 자유분방한 분위기의 크라이슬러 직원들은 독일 특유의 수직적 기업문화를 이해하지 못했고, 두 조직의 결합은 시너지 효과는 고사하고 심각한 문화적 충돌만 일으켰다. 결국 이들의 합병은 엄청난 손해를 발생시키며, 매각을 통해 다시 결별하게 되었다. 기업이 가진 조직문화와 눈에 띄지 않는 공유 가치, 신념 등은 모두가 중요한 요소임을 깨달을 수 있는 국제적 사건이었던 것이다.

① 조직 구성원들에게 일체감과 정체성을 부여해 준다.

② 조직의 업무에 몰입할 수 있도록 해 준다.

③ 조직 구성원들의 행동지침으로 작용하여 일탈행동을 통제해 주는 역할을 한다.

④ 뿌리 깊은 굳건한 조직 문화는 조직원의 의견수렴과 조직의 유연한 변신에 긍정적인 역할을 한다.

해설 조직 문화의 기능으로는 조직구성원들에게 일체감, 정체성을 부여하고, 조직몰입을 향상시켜 주며, 조직 구성원들의 행동지침으로서 사회화 및 일탈행동을 통제하는 기능을 하고, 조직의 안정성을 유지시켜 준다고 볼 수 있다. 그러나 강한 조직문화는 다양한 조직구성원들의 의견을 받아들일 수 없거나, 조직이 변화해야 할 시기에 장애요인으로 작용하기도 한다.

8 다음 '갑' 기업과 '을' 기업에 대한 설명 중 적절하지 않은 것은 어느 것인가?

'갑' 기업은 다양한 사외 기관, 단체들과의 상호 교류 등 업무가 잦아 관련 업무를 전담하는 조직이 갖춰져 있다. 전담 조직의 인원이 바뀌는 일은 가끔 있지만, 상설 조직이 있어 매번 발생하는 유사 업무를 효율적으로 수행한다.

'을' 기업은 사내 당구 동호회가 구성되어 있어 동호회에 가입한 직원들은 정기적으로 당구장을 찾아 쌓인 스트레스를 풀곤 한다. 가입과 탈퇴가 자유로우며 당구를 좋아하는 직원은 누구든 참여가 가능하다. 당구 동호회에 가입한 직원은 직급이 아닌 당구 실력으로만 평가 받으며, 언제 어디서 당구를 즐기든 상사의 지시를 받지 않아도 된다.

① '갑' 기업의 상설 조직은 의도적으로 만들어진 집단이다.
② '갑' 기업 상설 조직의 임무는 보통 명확하지 않고 즉흥적인 성격을 띤다.
③ '을' 기업 당구 동호회는 공식적인 임무 이외에도 다양한 요구들에 의해 구성되는 경우가 많다.
④ '갑' 기업 상설 조직의 구성원은 인위적으로 참여한다.

해설 '갑' 기업의 상설 조직은 공식적, '을' 기업의 당구 동호회는 비공식적 집단이다. 공식적인 집단은 조직의 공식적인 목표를 추구하기 위해 조직에서 의도적으로 만든 집단이다. 따라서 공식적인 집단의 목표나 임무는 비교적 명확하게 규정되어 있으며, 여기에 참여하는 구성원들도 인위적으로 결정되는 경우가 많다.

9   다음 그림과 같은 형태의 조직체계를 유지하고 있는 기업에 대한 설명으로 적절한 것은 어느 것인가?

① 다양한 프로젝트를 수행해야 할 필요성이 커짐에 따라 조직 간의 유기적인 협조체제를 구축하였다.
② 의사결정 권한이 분산되어 더욱 전문적인 업무 처리가 가능하다.
③ 각 부서 간 내부 경쟁을 유발할 수 있다.
④ 조직 내 내부 효율성을 확보할 수 있는 조직 구조이다.

> ✔해설 그림과 같은 조직 구조는 하나의 의사결정권자의 지시와 부서별 업무 분화가 명확해, 전문성은 높아지고 유연성 및 유기성은 떨어지는 조직 구조라고 볼 수 있다. 또한 의사결정권자가 한 명으로 집중되면서 내부 효율성이 확보된다.
> ① 조직의 유기적인 협조체제가 구축된 구조는 아니다.
> ② 의사결정 권한이 집중된 조직 구조이다.
> ③ 유사한 업무를 통한 내부 경쟁을 유발할 수 있는 구조는 사업별 조직구조이다.

10 다음 〈보기〉에 제시되고 있는 활동들은 기업 경영에 필요한 전략을 설명하고 있다. 설명된 전략들에 해당하는 것은 어느 것인가?

> 〈보기〉
> • 모든 고객을 만족시킬 수는 없다는 것과 회사가 모든 역량을 가질 수는 없다는 것을 전제로 선택할 수 있는 전략이다.
> • 기업이 고유의 독특한 내부 역량을 보유하고 있는 경우에 더욱 효과적인 전략이다.
> • 사업 목표와 타당한 틈새시장을 찾아야 한다.
> • 다양한 분류의 방법을 동원하여 고객을 세분화한다.

① 차별화 전략   ② 집중화 전략
③ 비교우위 전략   ④ 원가우위 전략

✅ 해설 차별화 전략과 원가우위 전략이 전체 시장을 상대로 하는 전략인 반면, 집중화 전략은 특정 시장을 대상으로 한다. 따라서 고객층을 세분화하여 타깃 고객층에 맞는 맞춤형 전략을 세울 필요가 있다. 타깃 고객층에 자사가 가진 특정 역량이 발휘되어 판매를 늘릴 수 있는 전략이라고 할 수 있다.

11 직무만족에 대한 다음 글을 참고할 때, 직무만족의 중요성과 영향 요인에 대한 적절한 설명이 아닌 것은 어느 것인가?

> 기업성과의 한 지표로서 직무만족은 기업 운영의 관점에서 특히 중요하다. 직무만족이 기업의 원활한 운영에 주요기준이 될 수 있었던 것은 직무만족은 조직종업원의 측면에서 보면 사람의 가치관에 중요한 부분이고, 기업의 입장에서 본다면 직무만족이 기업성과를 유발하기 때문에 주요한 의미를 갖기 때문이다.
> 직무만족에 대한 정의는 매우 다양하다. 일반적으로 직무란 조직의 종업원에게 각각 구분된 직무의 기술적 단위 또는 직무의 총체이고, 만족이란 선택된 대체안에 대해서 선택자의 신념과 어느 정도 맞는가에 대한 평가이다. 직무만족(job satisfaction)은 직무의 다양한 측면에 대한 정서적 또는 감정적 반응이다. 이러한 정의는 직무만족이 동일한 개념이 아님을 말한다. 사람들은 업무의 한 측면에 대해서는 만족하면서도 다른 측면에 대해서는 불만족할 수 있다.

① 가치 판단적인 면에서 중요성을 갖는다.
② 정신 건강적인 측면에서 파급효과를 갖는다.
③ 신체적 건강에도 밀접한 관계를 갖게 된다.
④ 개인의 경력을 개발하는 데에 효과적이다.

✅ 해설 직장인의 대부분은 대부분의 시간을 일터에서 보내므로 일터에서의 삶이 보다 쾌적하고 충족된 것이기를 바랄 것이다. 또한, 생활의 한 부분이 불만족스러우면 그것이 전이 효과를 가져와 그와 관련 없는 다른 생활도 불만족스럽게 보는 경향을 보이게 된다. 일에 만족을 느끼는 직장인은 불만과 스트레스로부터 해방될 수 있어 신체적 건강 유지에 도움을 받을 수 있으며, 직무만족감이야말로 업무 생산성을 향상시킬 수 있는 가장 중요한 요소일 것이다.
직무만족은 개인과 직장의 발전에 기여할 수 있는 중요한 요소이나, 개인의 경력을 개발하는 일은 직무만족과 다른 문제이다.

12 다음 조직의 경영자에 대한 정의를 참고할 때, 경영자의 역할로 적절하지 않은 것은 어느 것인가?

> 조직의 경영자는 조직의 전략, 관리 및 운영활동을 주관하며, 조직구성원들과 의사결정을 통해 조직이 나아갈 방향을 제시하고 조직의 유지와 발전에 대해 책임을 지는 사람이며, 조직의 변화방향을 설정하는 리더이며, 조직구성원들이 조직의 목표에 부합된 활동을 할 수 있도록 이를 결합시키고 관리하는 관리자이다.

① 대외 협상을 주도하기 위한 자문위원을 선발한다.
② 외부환경 변화를 주시하며 조직의 변화 방향을 설정한다.
③ 우수한 인재를 뽑기 위한 구체적이고 개선된 채용 기준을 마련한다.
④ 미래전략을 연구하기 위해 기획조정실과의 회의를 주도한다.

✔해설 우수한 인재를 채용하고자 하는 등의 기본 방침을 설정하는 일은 조직 경영자로서의 역할이라 할 수 있으나, 그에 따른 구체적인 채용 기준을 마련하는 일은 해당 산하 조직의 역할이라고 보아야 한다.

13 다음 〈보기〉와 같은 조직문화의 형태와 그 특징에 대한 설명 중 적절한 것만을 모두 고른 것은 어느 것인가?

> 〈보기〉
> ㉠ 위계를 지향하는 조직문화는 조직원 개개인의 능력과 개성을 존중한다.
> ㉡ 과업을 지향하는 조직문화는 업무 수행의 효율성을 강조한다.
> ㉢ 혁신을 지향하는 조직문화는 조직의 유연성과 외부 환경에의 적응에 초점을 둔다.
> ㉣ 관계를 지향하는 조직문화는 구성원들의 상호 신뢰와 인화 단결을 중요시한다.

① ㉡, ㉢, ㉣　　　　　　　　　　② ㉠, ㉢, ㉣
③ ㉠, ㉡, ㉣　　　　　　　　　　④ ㉠, ㉡, ㉢

✔해설 위계를 강조하는 조직문화 하에서는 조직 내부의 안정적이고 지속적인 통합, 조정을 바탕으로 일사불란한 조직 운영의 효율성을 추구하게 되는 특징이 있다. 조직원 개개인의 능력과 개성을 존중하는 모습은 혁신과 관계를 지향하는 조직문화에서 찾아볼 수 있는 특징이다.

14 다음은 조직문화의 구성 요소를 나타낸 7S 모형이다. ㉠과 ㉡에 들어갈 요소를 올바르게 짝지은 것은 어느 것인가?

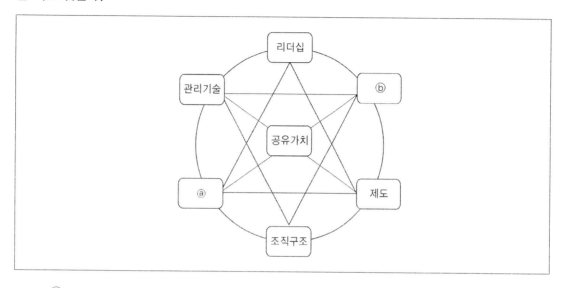

	㉠	㉡
①	구성원	전략
②	구성원	만족도
③	용이성	단절성
④	전략	응답성

✅ **해설** 7S모형은 조직을 이루는 7개의 각 구성요소들이 연결되는 강도에 따라 조직문화가 달라짐을 설명하는 데 유용한 도구이다. 조직의 전체적인 관점에서 조직문화를 이해하고, 바람직한 방향으로 조직을 개선해 나가는 데 중요한 기준을 제공한다.
조직진단 7S 모형은 조직의 핵심적 역량요소를 공유가치(shared value), 전략(strategy), 조직구조(structure), 제도(system), 구성원(staff), 관리기술(skill), 리더십 스타일(style) 등 영문자 'S'로 시작하는 단어 7개로 구성되어 있다.

┃15~16┃ 다음 위임전결규정을 보고 이어지는 물음에 답하시오.

위임전결규정

- 결재를 받으려는 업무에 대해서는 최고결재권자(대표이사)를 포함한 이하 직책자의 결재를 받아야 한다.
- '전결'이라 함은 회사의 경영활동이나 관리활동을 수행함에 있어 의사 결정이나 판단을 요하는 일에 대하여 최고결재권자의 결재를 생략하고, 자신의 책임 하에 최종적으로 의사 결정이나 판단을 하는 행위를 말한다.
- 전결사항에 대해서도 위임 받은 자를 포함한 이하 직책자의 결재를 받아야 한다.
- 표시내용: 결재를 올리는 자는 최고결재권자로부터 전결 사항을 위임받은 자가 있는 경우 결재란에 전결이라고 표시하고 최종 결재권자란에 위임 받은 자를 표시한다. 다만, 결재가 불필요한 직책자의 결재란은 상향대각선으로 표시한다.
- 최고결재권자의 결재사항 및 최고결재권자로부터 위임된 전결사항은 아래의 표에 따른다.
- 본 규정에서 정한 전결권자가 유고 또는 공석 시 그 직급의 직무 권한은 직상급직책자가 수행함을 원칙으로 하며, 각 직급은 긴급을 요하는 업무처리에 있어서 상위 전결권자의 결재를 득할 수 없을 경우 차상위자의 전결로 처리하며, 사후 결재권자의 결재를 득해야 한다.

업무내용		결재권자			
		사장	부사장	본부장	팀장
주간업무보고					○
팀장급 인수인계			○		
일반예산 집행	잔업수당	○			
	회식비			○	
	업무활동비			○	
	교육비		○		
	해외연수비	○			
	시내교통비			○	
	출장비	○			
	도서인쇄비				○
	법인카드사용		○		
	소모품비				○
	접대비(식대)			○	
	접대비(기타)				○
이사회 위원 위촉		○			
임직원 해외 출장		○(임원)		○(직원)	
임직원 휴가		○(임원)		○(직원)	
노조관련 협의사항			○		

* 100만 원 이상의 일반예산 집행과 관련한 내역은 사전 사장 품의를 득해야 하며, 품의서에 경비 집행 내역을 포함하여 준비한다. 출장계획서는 품의서를 대체한다.
* 위의 업무내용에 필요한 결재서류는 다음과 같다.
- 품의서, 주간업무보고서, 인수인계서, 예산집행내역서, 위촉장, 출장보고서(계획서), 휴가신청서, 노조협의사항 보고서

15 다음 중 위의 위임전결규정을 잘못 설명한 것은 어느 것인가?

① 전결권자 공석 시의 최종결재자는 차상위자가 된다.

② 전결권자 업무 복귀 시, 부재 중 결재 사항에 대하여 반드시 사후 결재를 받아두어야 한다.

③ 팀장이 새로 부임하면 부사장 전결의 인수인계서를 작성하게 된다.

④ 전결권자가 해외 출장으로 자리를 비웠을 경우에는 차상위자가 직무 권한을 위임 받는다.

> ✔ **해설** 전결권자가 자리를 비웠을 경우, '직무 권한'은 차상위자가 아닌 직상급직책자가 수행하게 되며, 차상위자가 전결권자가 되는 경우에도 '직무 권한' 자체의 위임이 되는 것은 아니다.
> ① 차상위자가 필요한 경우, 최종결재자(전결권자)가 될 수 있다.
> ② 부재 중 결재사항은 전결권자 업무 복귀 시 사후 결재를 받는 것으로 규정하고 있다.
> ③ 팀장의 업무 인수인계는 부사장의 전결 사항이다.

16 영업팀 김 대리는 부산으로 교육을 받으러 가기 위해 교육비용 신청을 위한 문서를 작성하고자 한다. 김 대리가 작성한 결재 양식으로 올바른 것은 어느 것인가?

①

출장내역서					
결 재	담당	팀장	본부장	부사장	사장

②

교육비집행내역서					
결 재	담당	팀장	본부장	부사장	사장
					부사장

③

교육비집행내역서					
결 재	담당	팀장	본부장	부사장	사장

④

업무활동비집행내역서					
결 재	담당	팀장	본부장	부사장	전결
					부사장

✔해설 교육비용을 신청하고자 하므로 교육비를 지출해야 한다. 따라서 김 대리가 작성해야 할 결재 문서는 교육비집행내역서이다. 예산집행내역서는 부사장 전결 사항이므로 부사장의 결재란이 맨 오른쪽 '전결'란에 위치하도록 하며, 원래의 부사장 란은 대각선 표시를 한다.

17 다음과 같은 '갑'사의 위임전결규칙을 참고할 때, 다음 중 적절한 행위로 볼 수 없는 것은 어느 것인가?

업무내용(소요예산 기준)	전결권자				이사장
	팀원	팀장	국(실)장	이사	
가. 공사 도급					
3억 원 이상					○
1억 원 이상				○	
1억 원 미만			○		
1,000만 원 이하		○			
나. 물품(비품, 사무용품 등) 제조/구매 및 용역					
3억 원 이상					○
1억 원 이상				○	
1억 원 미만			○		
1,000만 원 이하		○			
다. 자산의 임(대)차 계약					
1억 원 이상					○
1억 원 미만				○	
5,000만 원 미만			○		
라. 물품수리					
500만 원 이상			○		
500만 원 미만		○			
마. 기타 사업비 예산집행 기본품의					
1,000만 원 이상			○		
1,000만 원 미만		○			

① 국장이 부재 중일 경우, 소요예산 5,000만 원인 공사 도급 계약은 팀장이 전결권자가 된다.

② 소요예산이 800만 원인 인쇄물의 구매 건은 팀장의 전결 사항이다.

③ 이사장이 부재 중일 경우, 소요예산이 2억 원인 자산 임대차 계약 건은 국장이 전결권자가 된다.

④ 소요예산이 600만 원인 물품수리 건은 이사의 결재가 필요하지 않다.

> ✔**해설** 차상위자가 전결권자가 되어야 하므로 이사장의 차상위자인 이사가 전결권자가 되어야 한다.
> ① 차상위자가 전결권을 갖게 되므로 팀장이 전결권자가 되며, 국장이 업무 복귀 시 반드시 사후 결재를 득하여야 한다.

Answer   16.②   17.③

18 다음과 같은 문서 결재 양식을 보고 알 수 있는 사항이 아닌 것은 어느 것인가?

출장보고서					
결 재	담당	팀장	본부장	부사장	사장
	박 사원 서명	강 팀장 서명	전결		본부장

① 박 사원 출장을 다녀왔으며, 전체 출장 인원수는 알 수 없다.

② 출장자에 강 팀장은 포함되어 있지 않다.

③ 팀장 이하 출장자의 출장보고서 전결권자는 본부장이다.

④ 부사장은 결재할 필요가 없는 문서이다.

✔해설 일반적인 경우, 팀장과 팀원의 동반 출장 시의 출장보고서는 팀원이 작성하여 담당→팀장의 결재 절차를 거치게 된다. 따라서 제시된 출장보고서는 박 사원 단독 출장의 경우로 볼 수도 있고 박 사원과 강 팀장의 동반 출장의 경우로 볼 수도 있으므로 반드시 출장자에 강 팀장이 포함되어 있지 않다고 말할 수는 없다.

19 조직체제 안에는 조직을 이루는 여러 집단이 있다. 다음 중 '집단'의 특징을 적절하게 설명하지 못한 것은 어느 것인가?

① 비공식적으로 구성된 집단은 조직구성원들의 요구에 따라 자발적으로 형성되었으며, 봉사활동 동아리, 친목 동호회 등이 있다.

② 조직 내에서는 한정된 자원을 가지고 상반된 목표를 추구하기 때문에 경쟁이 발생하기도 한다.

③ 조직 내 집단은 일반적으로 이익 집단과 감독 집단으로 나뉜다.

④ 집단 간의 적절한 갈등은 응집성이 강화되고 집단의 활동이 더욱 조직화되는 장점이 있다.

✔해설 조직 내 집단은 공식적인 집단과 비공식적인 집단으로 구분할 수 있다. 공식적인 집단은 조직의 공식적인 목표를 추구하기 위해 조직에서 의도적으로 만든 집단이다. 반면에, 비공식적인 집단은 조직구성원들의 요구에 따라 자발적으로 형성된 집단이다. 이는 공식적인 업무수행 이외에 다양한 요구들에 의해 이루어진다.

20 어느 조직이나 일정한 인원이 함께 근무하는 경우 '조직문화'가 생기게 된다. 다음 중 조직문화의 기능과 구성요소에 대하여 적절하게 설명한 것이 아닌 것은 어느 것인가?

① 조직문화의 구성요소로는 공유가치, 리더십 스타일, 예산, 관리 기술, 전략, 제도 및 절차, 구성원이 있다.

② 조직문화는 조직 구성원에게 일체감과 정체성을 부여하지만 타 조직과의 융합에 걸림돌로 작용하기도 한다.

③ 조직의 통합과 안정성을 중시하고 서열화된 조직 구조를 추구하는 관리적 조직문화, 실적을 중시하고 직무에 몰입하며 미래를 위한 계획 수립을 강조하는 과업지향적 조직문화 등이 있다.

④ 조직문화의 기능으로 구성원의 사회화 도모 및 일탈 행동을 통제하는 측면도 기대할 수 있다.

✔해설 조직문화의 7가지 구성요소는 공유가치, 리더십 스타일, 구조, 관리 기술, 전략, 제도 및 절차, 구성원이며 예산은 조직문화 구성요소에 포함되지 않는다.
② 이 밖에도 조직문화는 구성원의 몰입도를 향상시키고 조직의 안정성을 유지시켜 주는 기능도 포함한다.
③ 관리적 조직문화, 과업지향적 조직문화 등과 함께 관계지향적 조직문화, 유연한 조직문화 등이 있다.

21 '경영전략'은 많은 기업들이 경영활동에 참고하는 지침이 되고 있다. 마이클 포터의 경영전략을 설명하는 다음 글에서 빈 칸 (A), (B), (C)에 들어갈 적절한 말을 찾아 순서대로 나열한 것은 어느 것인가?

> 조직의 경영전략은 경영자의 경영이념이나 조직의 특성에 따라 다양하다. 이 중 대표적인 경영전략으로 마이클 포터(Michael E. Porter)의 본원적 경쟁전략이 있다. 본원적 경쟁전략은 해당 사업에서 경쟁우위를 확보하기 위한 전략이며 다음과 같다.
> (A) 전략은 조직의 생산품이나 서비스를 고객에게 가치가 있고 독특한 것으로 인식되도록 하는 전략이다. 이러한 전략을 활용하기 위해서는 연구개발이나 광고를 통하여 기술, 품질, 서비스, 브랜드 이미지를 개선할 필요가 있다. (B) 전략을 위해서는 대량생산을 하거나 새로운 생산기술을 개발할 필요가 있다. 여기에는 70년대 우리나라의 섬유업체나 신발업체, 가발업체 등이 미국시장에 진출할 때 취한 전략이 해당한다.
> (C) 전략은 특정 시장이나 고객에게 한정된 전략으로, 다른 전략이 산업 전체를 대상으로 하는 것에 비해 특정 산업을 대상으로 한다는 특징이 있다. 즉, 경쟁조직들이 소홀히 하고 있는 한정된 시장을 차별화된 전략을 써서 집중적으로 공략하는 방법이다.

① 차별화, 집중화, 원가우위
② 집중화, 차별화, 원가우위
③ 집중화, 원가우위, 차별화
④ 차별화, 원가우위, 집중화

✔해설 차별화 전략, 원가우위 전략, 집중화 전략은 다음과 같은 특징이 있다.
- 차별화 전략 : 소비자들이 널리 인정해주는 독특한 기업 특성을 내세워 경쟁하는 경쟁전략을 말하며, 고품질, 탁월한 서비스, 혁신적 디자인, 기술력, 브랜드 이미지 등 무엇으로든 해당 산업에서 다른 경쟁기업들과 차별화할 수 있는 특성을 위주로 전략을 펴게 된다.
- 원가우위 전략 : 낮은 비용은 경쟁우위의 중요한 원천의 하나이며 비용우위 전략에서는 비용 면에서 '경쟁회사보다도 낮은 비용을 실현한다.'는 것이 기본 테마가 된다. 물론 낮은 비용이라고 해서 품질이나 서비스와는 상관이 없다는 것이 아니지만 기본적으로 비용을 중심으로 경쟁우위를 확립한다.
- 집중화 전략 : 기업이 사업을 전개하는 과정에서 산업 전반에 걸쳐 경쟁하지 않고 고객이나 제품, 서비스 등의 측면에서 독자적 특성이 있는 특정 세분시장만을 상대로 원가우위나 차별화를 꾀하는 사업 수준의 경쟁전략이다. 비록 전체 시장에서 차별화나 원가우위를 누릴 능력을 갖지 못한 기업일지라도 세분시장을 집중 공략한다면 수익을 낼 수 있다고 판단하고 구사하는 경쟁전략의 하나다.

22 다음 그림과 같은 두 개의 조직도 (가), (나)의 특징을 적절하게 설명하지 못한 것은 어느 것인가? (전체 인원수는 같다고 가정함)

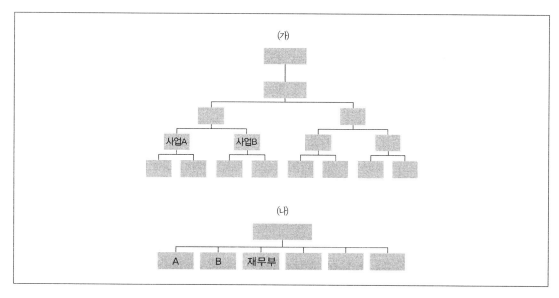

① (가)는 결재 단계가 많아 신속한 의사결정이 (나)보다 어렵다.

② (나)는 중간 관리자층이 얇아 다양한 검증을 거친 의견 수렴이 (가)보다 어렵다.

③ 동일한 방식으로 여러 종류의 아이템을 생산하는 조직은 (나)와 같은 구조를 많이 활용한다.

④ (가)는 소집단만의 조직문화가 형성될 수 있어 조직 간 경쟁체제를 유지할 수 있다.

✔해설 환경이 안정적이거나 일상적인 기술, 조직의 내부 효율성을 중요시하며 기업의 규모가 작을 때에는 업무의 내용이 유사하고 관련성이 있는 것들을 결합해서 (나)와 같이 기능적 조직구조 형태를 이룬다. 반면, 급변하는 환경변화에 효과적으로 대응하고 제품, 지역, 고객별 차이에 신속하게 적응하기 위해서는 (가)와 같이 분권화된 의사결정이 가능한 사업별 조직구조 형태를 이룰 필요가 있다. 사업별 조직구조는 개별 제품, 서비스, 제품그룹, 주요 프로젝트나 프로그램 등에 따라 조직화된다. 즉, 그림과 같이 제품에 따라 조직이 구성되고 각 사업별 구조 아래 생산, 판매, 회계 등의 역할이 이루어진다.

23 다음에서 설명하고 있는 마케팅 기법을 일컫는 말로 적절한 것은 어느 것인가?

> • 앨빈 토플러 등 미래학자들이 예견한 상품 개발 주체에 관한 개념
> • 소비자의 아이디어가 신제품 개발에 직접 관여
> • 기업이 소비자의 아이디어를 수용해 고객만족을 최대화시키는 전략
> • 국내에서도 컴퓨터, 가구, 의류회사 등에서 공모 작품을 통해 적극적 수용

① 코즈 마케팅
② 니치 마케팅
③ 플래그십 마케팅
④ 프로슈머 마케팅

✔해설 프로슈머 마케팅은 단순히 제품이나 서비스를 구매하는 입장에 그치지 않고, 직접 제품 개발을 요구하거나 아이디어를 제공하는 등 생산에 영향을 미치는 적극적인 소비자를 의미한다.
• 코즈 마케팅 : 상호 이익을 위하여 기업이나 브랜드를 사회적 명분이나 이슈에 전략적으로 연계시키는 것
• 니치 마케팅 : 이미 시장에 마니아들이 형성되어 있지만 대중적으로 사람들에게 널리 알려지지 않은 틈새를 이용하는 마케팅
• 플래그십 마케팅 : 시장에서 성공을 거둔 특정 상품 브랜드를 중심으로 마케팅 활동을 집중하는 것
• 노이즈 마케팅 : 각종 이슈를 요란스럽게 치장해 구설수에 오르도록 하거나, 화젯거리를 만들어 소비자들의 이목을 현혹시켜 인지도를 늘리는 마케팅 기법

24 다음 ㉠~㉡ 중 조직 경영에 필요한 요소에 대한 설명을 모두 고른 것은 어느 것인가?

㉠ 조직의 목적 달성을 위해 경영자가 수립하는 것으로 보다 구체적인 방법과 과정이 담겨있다.
㉡ 조직에서 일하는 구성원으로, 경영은 이들의 직무수행에 기초하여 이루어지기 때문에 이들의 배치 및 활용이 중요하다.
㉢ 생산자가 상품 또는 서비스를 소비자에게 유통시키는 데 관련된 모든 체계적 경영활동이다.
㉣ 특정의 경제적 실체에 관해 이해관계에 있는 사람들에게 합리적이고 경제적인 의사결정을 하는 데 있어 유용한 재무적 정보를 제공하기 위한 것으로, 이러한 일련의 과정 또는 체계를 뜻한다.
㉤ 경영을 하는 데 사용할 수 있는 돈으로 이것이 충분히 확보되는 정도에 따라 경영의 방향과 범위가 정해지게 된다.
㉥ 조직이 변화하는 환경에 적응하기 위하여 경영활동을 체계화하는 것으로 목표달성을 위한 수단이다.

① ㉠, ㉢, ㉤
② ㉡, ㉢, ㉣
③ ㉠, ㉢, ㉣, ㉥
④ ㉠, ㉡, ㉤, ㉥

✔해설 조직 경영에 필요한 4대 요소는 경영목적, 인적자원, 자금, 경영전략이다.
㉠ 경영목적, ㉡ 인적자원, ㉤ 자금, ㉥ 경영전략
㉢은 마케팅에 관한 설명이며, ㉣은 회계 관리를 설명하고 있다.

Answer 23.④ 24.④

25 경영참가는 경영자의 권한인 의사결정 과정에 근로자 또는 노동조합이 참여하는 것을 말한다. 다음 중 경영참가 제도의 특징으로 보기 어려운 것은 어느 것인가?

① 근로자들의 참여권한이 점차 확대되면 노사 간 서로 의견을 교환하여 토론하며 협의하는 단계를 거친다. 이 단계에서 이루어진 협의결과에 대한 시행은 경영자들에게 달려있다.

② 근로자와 경영자가 공동으로 결정하고 결과에 대하여 공동의 책임을 지는 결정참가 단계에서는 경영자의 일방적인 경영권은 인정되지 않는다.

③ 경영참가는 본래 경영자와 근로자의 공동 권한인 의사결정과정에 근로자 또는 노동조합이 참여하는 것이다.

④ 제대로 운영되지 못할 경우 경영자의 고유한 권리인 경영권을 약화시키고, 오히려 경영참가제도를 통해 분배문제를 해결함으로써 노동조합의 단체교섭 기능이 약화될 수 있다.

> ✔**해설** 경영참가는 경영자의 고유 권한(경영자와 근로자의 공동 권한이 아닌)인 의사결정과정에 근로자 또는 노동조합이 참여하는 것이다.
> 경영참가의 초기단계에서는 경영자 층이 경영 관련 정보를 근로자에게 제공하고 근로자들은 의견만을 제출하는 정보 참가 단계를 가진다. 정보참가 단계보다 근로자들의 참여권한이 확대되면 노사 간 서로 의견을 교환하여 토론하며 협의하는 협의 참가 단계를 거친다. 다만 이 단계에서 이루어진 협의결과에 대한 시행은 경영자들에게 달려있다. 마지막은 근로자와 경영자가 공동으로 결정하고 결과에 대하여 공동의 책임을 지는 결정참가 단계이다. 이 단계에서는 경영자의 일방적인 경영권은 인정되지 않는다.
> 경영능력이 부족한 근로자가 경영에 참여할 경우 의사결정이 늦어지고 합리적으로 일어날 수 없으며, 대표로 참여하는 근로자가 조합원들의 권익을 지속적으로 보장할 수 있는가도 문제가 된다. 또한 경영자의 고유한 권리인 경영권을 약화시키고, 오히려 경영참가제도를 통해 분배문제를 해결함으로써 노동조합의 단체교섭 기능이 약화될 수 있다.

26 국제 감각을 끌어올리기 위한 방법을 찾기 위해 고민 중에 있는 L씨에게 조언해 줄 수 있는 적절한 방안으로 보기 어려운 것은 어느 것인가?

① 매일 받아보는 해외 기사들의 단순 번역에 만족하지 말고, 분석과 진행 과정 등도 검토해 본다.

② 관련 분야 해외사이트를 방문하여 최신 이슈를 확인한다.

③ 영어에만 만족하지 말고 일본어, 중국어 등 추가 외국어 공부를 시작해 본다.

④ 노동부, 한국산업인력공단, 산업자원부, 중소기업청, 상공회의소 등 국내의 유용한 사이트들을 방문해 국제동향을 확인한다.

✔해설 '국제 감각'을 향상시키기 위한 방안으로 가장 쉽게 생각할 수 있는 것이 외국어 능력을 키우거나 해외 체류 경험을 통해 다양한 외국 문화를 습득하는 일이다. 그러나 국제 감각은 단순히 외국어 능력을 키운다고 생기는 것이 아니며, 외국 문화의 이해뿐 아니라, 관련 업무의 국제적인 동향을 이해하고 이를 업무에 적용하는 능력이다. 구체적으로는 각종매체(신문, 잡지, 인터넷 등)를 활용하여 국제적인 동향을 파악하는 능력, 조직의 업무와 관련된 국제적인 법규나 규정을 숙지하기, 특정 국가의 관련업무 동향 점검하기, 국제적인 상황변화에 능동적으로 대처하는 능력 등이 요구된다.

Answer 25.③ 26.③

〈수당 지급〉

◆ 자녀학비보조수당
- 지급 대상 : 초등학교·중학교 또는 고등학교에 취학하는 자녀가 있는 직원(부부가 함께 근무하는 경우 한 쪽에만 지급)
- 지급범위 및 지급액
 (범위) 수업료와 학교운영지원비(입학금은 제외)
 (지급액) 상한액 범위 내에서 공납금 납입영수증 또는 공납금 납입고지서에 기재된 학비 전액 지급하며 상한액은 자녀 1명당 월 60만 원

◆ 육아휴직수당
- 지급 대상 : 만 8세 이하의 자녀를 양육하기 위하여 필요하거나 여직원이 임신 또는 출산하게 된 때로 30일 이상 휴직한 남·녀 직원
- 지급액 : 휴직 개시일 현재 호봉 기준 월 봉급액의 40퍼센트
 (휴직 중) 총 지급액에서 15퍼센트에 해당하는 금액을 뺀 나머지 금액
 ※ 월 봉급액의 40퍼센트에 해당하는 금액이 100만 원을 초과하는 경우에는 100만 원을, 50만 원 미만일 경우에는 50만 원을 지급
 (복직 후) 총 지급액의 15퍼센트에 해당하는 금액
 ※ 복직하여 6개월 이상 계속하여 근무한 경우 7개월째 보수지급일에 지급함. 다만, 복직 후 6개월 경과 이전에 퇴직하는 경우에는 지급하지 않음
- 지급기간 : 휴직일로부터 최초 1년 이내

◆ 위험근무수당
- 지급 대상 : 위험한 직무에 상시 종사하는 직원
- 지급 기준
 1) 직무의 위험성은 각 부문과 등급별에서 정한 내용에 따름.
 2) 상시 종사란 공무원이 위험한 직무를 일정기간 또는 계속 수행하는 것을 의미. 따라서 일시적·간헐적으로 위험한 직무에 종사하는 경우는 지급대상에 포함될 수 없음.
 3) 직접 종사란 해당 부서 내에서도 업무 분장 상에 있는 위험한 작업 환경과 장소에 직접 노출되어 위험한 업무를 직접 수행하는 것을 의미.
- 지급방법 : 실제 위험한 직무에 종사한 기간에 대하여 일할 계산하여 지급함.

27 다음 중 위의 수당 관련 설명을 잘못 이해한 내용은 어느 것인가?

① 위험한 직무에 3일간 근무한 것은 위험근무수당 지급 대상이 되지 않는다.

② 자녀학비보조수당은 수업료와 입학금 등 정상적인 학업에 관한 일체의 비용이 포함된다.

③ 육아휴직수당은 휴직일로부터 최초 1년이 경과하면 지급받을 수 없다.

④ 부부가 함께 근무해도 자녀학비보조수당은 부부 중 한 쪽에게만 지급된다.

> ✔해설 자녀학비보조수당은 수업료와 학교운영지원비를 포함하며 입학금은 제외된다고 명시되어 있다.
> ① 위험근무수당은 위험한 직무에 상시 종사한 직원에게 지급된다.
> ③ 육아휴직수당은 휴직일로부터 최초 1년 이내에만 지급된다.

28 월 급여액 200만 원인 C대리가 육아휴직을 받게 되었다. 이에 대한 다음의 설명 중 올바른 것은 어느 것인가?

① 3월 1일부로 복직을 하였다면, 8월에 육아휴직수당 잔여분을 지급받게 된다.

② 육아휴직수당의 총 지급액은 100만 원이다.

③ 복직 후 3개월째에 퇴직을 할 경우, 휴가 중 지급받은 육아휴직수당을 회사에 반환해야 한다.

④ 복직 후에 육아휴직수당 총 지급액 중 12만 원을 지급받을 수 있다.

> ✔해설 월 급여액이 200만 원이므로 총 지급액은 200만 원의 40퍼센트인 80만 원이며, 이는 50~100만 원 사이의 금액이므로 80만 원의 15퍼센트에 해당하는 금액인 12만 원이 복직 후에 지급된다.
> ① 3월 1일부로 복직을 하였다면, 6개월을 근무하고 7개월째인 9월에 육아휴직수당 잔여분을 지급받게 된다.
> ② 육아휴직수당의 총 지급액은 80만 원이다.
> ③ 복직 후 3개월째에 퇴직을 할 경우, 복직 후 지급받을 15퍼센트가 지급되지 않으며 휴가 중 지급받은 육아휴직수당을 회사에 반환할 의무 규정은 없다.

29 조직문화는 흔히 관계지향 문화, 혁신지향 문화, 위계지향 문화, 과업지향 문화의 네 가지로 분류된다. 다음 글에서 제시된 ㉠~㉤과 같은 특징 중 과업지향 문화에 해당하는 것은 어느 것인가?

> ㉠ A팀은 무엇보다 엄격한 통제를 통한 결속과 안정성을 추구하는 분위기이다. 분명한 명령계통으로 조직의 통합을 이루는 일을 제일의 가치로 삼는다.
> ㉡ B팀은 업무 수행의 효율성을 강조하며 목표 달성과 생산성 향상을 위해 전 조직원이 산출물 극대화를 위해 노력하는 문화가 조성되어 있다.
> ㉢ C팀은 자율성과 개인의 책임을 강조한다. 고유 업무뿐 아니라 근태, 잔업, 퇴근 후 시간활용 등에 있어서도 정해진 흐름을 배제하고 개인의 자율과 그에 따른 책임을 강조한다.
> ㉣ D팀은 직원들 간의 응집력과 사기 진작을 위한 방안을 모색 중이다. 인적자원의 가치를 개발하기 위해 직원들 간의 관계에 초점을 둔 조직문화가 D팀의 특징이다.
> ㉤ E팀은 직원들에게 창의성과 기업가 정신을 강조한다. 또한, 조직의 유연성을 통해 외부 환경에의 적응력에 비중을 둔 조직문화를 가지고 있다.

① ㉠   ② ㉡
③ ㉢   ④ ㉣

✔해설 조직 문화의 분류와 그 특징은 다음과 같은 표로 정리될 수 있다. ㉢과 같이 개인의 자율성을 추구하는 경우는 조직문화의 고유 기능과 거리가 멀다고 보아야 한다.

관계지향 문화	– 조직 내 가족적인 분위기의 창출과 유지에 가장 큰 역점을 둠. – 조직 구성원들의 소속감, 상호 신뢰, 인화/단결 및 팀워크, 참여 등이 이 문화유형의 핵심가치로 자리 잡음.
혁신지향 문화	– 조직의 유연성을 강조하는 동시에 외부 환경에의 적응성에 초점을 둠. – 따라서 이러한 적응과 조직성장을 뒷받침할 수 있는 적절한 자원획득이 중요하고, 구성원들의 창의성 및 기업가정신이 핵심 가치로 강조됨.
위계지향 문화	– 조직 내부의 안정적이고 지속적인 통합/조정을 바탕으로 조직효율성을 추구함. – 이를 위해 분명한 위계질서와 명령계통, 그리고 공식적인 절차와 규칙을 중시하는 문화임.
과업지향 문화	– 조직의 성과 달성과 과업 수행에 있어서의 효율성을 강조함. – 따라서 명확한 조직목표의 설정을 강조하며, 합리적 목표 달성을 위한 수단으로서 구성원들의 전문능력을 중시하며, 구성원들 간의 경쟁을 주요 자극제로 활용함.

30 업무를 수행할 때는 업무지침과 활용자원을 확인하여 구체적인 업무수행 계획을 수립하게 된다. 이러한 업무수행을 계획하는 다음과 같은 형식의 자료를 지칭하는 이름은 어느 것인가?

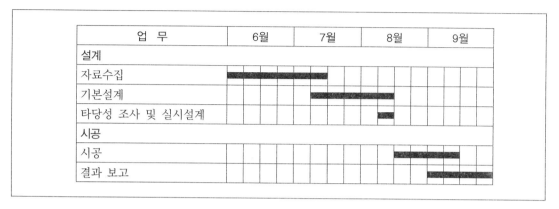

업 무	6월		7월		8월		9월	
설계								
자료수집	▬▬▬▬							
기본설계			▬▬					
타당성 조사 및 실시설계					▬			
시공								
시공					▬▬▬			
결과 보고							▬▬▬	

① 워크 플로 시트(work flow sheet)

② 간트 차트(Gantt chart)

③ 체크리스트(check list)

④ 대차대조표

✔ 해설 간트 차트는 미국의 간트(Henry Laurence Gantt)가 1919년에 창안한 작업진도 도표로, 단계별로 업무를 시작해서 끝나는 데 걸리는 시간을 바(bar) 형식으로 표시한 것이다. 이는 전체 일정을 한눈에 볼수 있고, 단계별로 소요되는 시간과 각 업무활동 사이의 관계를 보여줄 수 있다.

워크 플로 시트는 일의 흐름을 동적으로 보여주는 데 효과적이다. 특히 워크 플로 시트에 사용하는 도형을 다르게 표현함으로써 주된 작업과 부차적인 작업, 혼자 처리할 수 있는 일과 다른 사람의 협조를 필요로 하는 일, 주의해야 할 일, 컴퓨터와 같은 도구를 사용해서 할 일 등을 구분해서 표현할 수 있다.

PART

03

직업성격검사

CHAPTER
01

인성검사의 개요

1 인성(성격)검사의 개념과 목적

인성(성격)이란 개인을 특징짓는 평범하고 일상적인 사회적 이미지, 즉 지속적이고 일관된 공적 성격(Public – personality)이며, 환경에 대응함으로써 선천적·후천적 요소의 상호작용으로 결정화된 심리적·사회적 특성 및 경향을 의미한다.

인성검사는 직무적성검사를 실시하는 대부분의 기업체에서 병행하여 실시하고 있으며, 인성검사만 독자적으로 실시하는 기업도 있다.

기업체에서는 인성검사를 통하여 각 개인이 어떠한 성격 특성이 발달되어 있고, 어떤 특성이 얼마나 부족한지, 그것이 해당 직무의 특성 및 조직문화와 얼마나 맞는지를 알아보고 이에 적합한 인재를 선발하고자 한다. 또한 개인에게 적합한 직무 배분과 부족한 부분을 교육을 통해 보완하도록 할 수 있다.

인성검사의 측정요소는 검사방법에 따라 차이가 있다. 또한 각 기업체들이 사용하고 있는 인성검사는 기존에 개발된 인성검사방법에 각 기업체의 인재상을 적용하여 자신들에게 적합하게 재개발하여 사용하는 경우가 많다. 그러므로 기업체에서 요구하는 인재상을 파악하여 그에 따른 대비책을 준비하는 것이 바람직하다. 본서에서 제시된 인성검사는 크게 '특성'과 '유형'의 측면에서 측정하게 된다.

2 성격의 특성

(1) 정서적 측면

정서적 측면은 평소 마음에서 당연시하는 자세나 정신상태가 얼마나 안정되어 있는지 또는 불안정한지를 측정한다.

정서의 상태는 직무수행이나 대인관계와 관련하여 태도나 행동으로 드러난다. 그러므로 정서적 측면을 측정하는 것에 의해, 장래 조직 내의 인간관계에 어느 정도 잘 적응할 수 있을까(또는 적응하지 못할까)를 예측하는 것이 가능하다.

그렇기 때문에, 정서적 측면의 결과는 채용 시에 상당히 중시된다. 아무리 능력이 좋아도 장기적으로 조직 내의 인간관계에 잘 적응할 수 없다고 판단되는 인재는 기본적으로는 채용되지 않는다.

일반적으로 인성(성격)검사는 채용과는 관계없다고 생각하나 정서적으로 조직에 적응하지 못하는 인재는 채용단계에서 가려내지는 것에 유의하여야 한다.

① 민감성(신경도) … 꼼꼼함, 섬세함, 성실함 등의 요소를 통해 일반적으로 신경질적인지 또는 자신의 존재를 위협받는다는 불안을 갖기 쉬운지를 측정한다.

질문	그렇다	약간 그렇다	그저 그렇다	별로 그렇지 않다	그렇지 않다
• 남을 잘 배려한다고 생각한다. • 어질러진 방에 있으면 불안하다. • 실패 후에는 불안하다. • 세세한 것까지 신경 쓴다. • 이유 없이 불안할 때가 있다.					

▶측정결과

㉠ '그렇다'가 많은 경우(상처받기 쉬운 유형) : 사소한 일에 신경 쓰고 다른 사람의 사소한 한마디 말에 상처를 받기 쉽다.
  • 면접관의 심리 : '동료들과 잘 지낼 수 있을까?', '실패할 때마다 위축되지 않을까?'
  • 면접대책 : 다소 신경질적이라도 능력을 발휘할 수 있다는 평가를 얻도록 한다. 주변과 충분한 의사소통이 가능하고, 결정한 것을 실행할 수 있다는 것을 보여주어야 한다.

㉡ '그렇지 않다'가 많은 경우(정신적으로 안정적인 유형) : 사소한 일에 신경 쓰지 않고 금방 해결하며, 주위 사람의 말에 과민하게 반응하지 않는다.
  • 면접관의 심리 : '계약할 때 필요한 유형이고, 사고 발생에도 유연하게 대처할 수 있다.'
  • 면접대책 : 일반적으로 '민감성'의 측정치가 낮으면 플러스 평가를 받으므로 더욱 자신감 있는 모습을 보여준다.

② **자책성**(과민도) ··· 자신을 비난하거나 책망하는 정도를 측정한다.

질문	그렇다	약간 그렇다	그저 그렇다	별로 그렇지 않다	그렇지 않다
• 후회하는 일이 많다. • 자신이 하찮은 존재라 생각된다. • 문제가 발생하면 자기의 탓이라고 생각한다. • 무슨 일이든지 끙끙대며 진행하는 경향이 있다. • 온순한 편이다.					

▶측정결과

㉠ '그렇다'가 많은 경우(자책하는 유형) : 비관적이고 후회하는 유형이다.
 • 면접관의 심리 : '끙끙대며 괴로워하고, 일을 진행하지 못할 것 같다.'
 • 면접대책 : 기분이 저조해도 항상 의욕을 가지고 생활하는 것과 책임감이 강하다는 것을 보여준다.

㉡ '그렇지 않다'가 많은 경우(낙천적인 유형) : 기분이 항상 밝은 편이다.
 • 면접관의 심리 : '안정된 대인관계를 맺을 수 있고, 외부의 압력에도 흔들리지 않는다.'
 • 면접대책 : 일반적으로 '자책성'의 측정치가 낮아야 좋은 평가를 받는다.

③ **기분성**(불안도) ··· 기분의 굴곡이나 감정적인 면의 미숙함이 어느 정도인지를 측정하는 것이다.

질문	그렇다	약간 그렇다	그저 그렇다	별로 그렇지 않다	그렇지 않다
• 다른 사람의 의견에 자신의 결정이 흔들리는 경우가 많다. • 기분이 쉽게 변한다. • 종종 후회한다. • 다른 사람보다 의지가 약한 편이라고 생각한다. • 금방 싫증을 내는 성격이라는 말을 자주 듣는다.					

④ 독자성(개인도) … 주변에 대한 견해나 관심, 자신의 견해나 생각에 어느 정도의 속박감을 가지고 있는지를 측정한다.

질문	그렇다	약간 그렇다	그저 그렇다	별로 그렇지 않다	그렇지 않다
• 창의적 사고방식을 가지고 있다. • 융통성이 없는 편이다. • 혼자 있는 편이 많은 사람과 있는 것보다 편하다. • 개성적이라는 말을 듣는다. • 교제는 번거로운 것이라고 생각하는 경우가 많다.					

▶측정결과

㉠ '그렇다'가 많은 경우 : 자기의 관점을 중요하게 생각하는 유형으로, 주위의 상황보다 자신의 느낌과 생각을 중시한다.
　• 면접관의 심리 : '제멋대로 행동하지 않을까?'
　• 면접대책 : 주위 사람과 협조하여 일을 진행할 수 있다는 것과 상식에 얽매이지 않는다는 인상을 심어준다.

㉡ '그렇지 않다'가 많은 경우 : 상식적으로 행동하고 주변 사람의 시선에 신경을 쓴다.
　• 면접관의 심리 : '다른 직원들과 협조하여 업무를 진행할 수 있겠다.'
　• 면접대책 : 협조성이 요구되는 기업체에서는 플러스 평가를 받을 수 있다.

⑤ 자신감(자존심도) … 자기 자신에 대해 얼마나 긍정적으로 평가하는지를 측정한다.

질문	그렇다	약간 그렇다	그저 그렇다	별로 그렇지 않다	그렇지 않다
• 다른 사람보다 능력이 뛰어나다고 생각한다. • 다소 반대의견이 있어도 나만의 생각으로 행동할 수 있다. • 나는 다른 사람보다 기가 센 편이다. • 동료가 나를 모욕해도 무시할 수 있다. • 대개의 일을 목적한 대로 헤쳐나갈 수 있다고 생각한다.					

▶측정결과

㉠ '그렇다'가 많은 경우 : 자기 능력이나 외모 등에 자신감이 있고, 비판당하는 것을 좋아하지 않는다.

• 면접관의 심리 : '자만하여 지시에 잘 따를 수 있을까?'

• 면접대책 : 다른 사람의 조언을 잘 받아들이고, 겸허하게 반성하는 면이 있다는 것을 보여주고, 동료들과 잘 지내며 리더의 자질이 있다는 것을 강조한다.

㉡ '그렇지 않다'가 많은 경우 : 자신감이 없고 다른 사람의 비판에 약하다.

• 면접관의 심리 : '패기가 부족하지 않을까?', '쉽게 좌절하지 않을까?'

• 면접대책 : 극도의 자신감 부족으로 평가되지는 않는다. 그러나 마음이 약한 면은 있지만 의욕적으로 일을 하겠다는 마음가짐을 보여준다.

⑥ 고양성(분위기에 들뜨는 정도) … 자유분방함, 명랑함과 같이 감정(기분)의 높고 낮음의 정도를 측정한다.

질문	그렇다	약간 그렇다	그저 그렇다	별로 그렇지 않다	그렇지 않다
• 침착하지 못한 편이다. • 다른 사람보다 쉽게 우쭐해진다. • 모든 사람이 아는 유명인사가 되고 싶다. • 모임이나 집단에서 분위기를 이끄는 편이다. • 취미 등이 오랫동안 지속되지 않는 편이다.					

▶측정결과

㉠ '그렇다'가 많은 경우 : 자극이나 변화가 있는 일상을 원하고 기분을 들뜨게 하는 사람과 친밀하게 지내는 경향이 강하다.
  • 면접관의 심리 : '일을 진행하는 데 변덕스럽지 않을까?'
  • 면접대책 : 밝은 태도는 플러스 평가를 받을 수 있지만, 착실한 업무능력이 요구되는 직종에서는 마이너스 평가가 될 수 있다. 따라서 자기조절이 가능하다는 것을 보여준다.

㉡ '그렇지 않다'가 많은 경우 : 감정이 항상 일정하고, 속을 드러내 보이지 않는다.
  • 면접관의 심리 : '안정적인 업무 태도를 기대할 수 있겠다.'
  • 면접대책 : '고양성'의 낮음은 대체로 플러스 평가를 받을 수 있다. 그러나 '무엇을 생각하고 있는지 모르겠다' 등의 평을 듣지 않도록 주의한다.

⑦ 허위성(진위성) … 필요 이상으로 자기를 좋게 보이려 하거나 기업체가 원하는 '이상형'에 맞춘 대답을 하고 있는지, 없는지를 측정한다.

질문	그렇다	약간 그렇다	그저 그렇다	별로 그렇지 않다	그렇지 않다
• 약속을 깨뜨린 적이 한 번도 없다. • 다른 사람을 부럽다고 생각해 본 적이 없다. • 꾸지람을 들은 적이 없다. • 사람을 미워한 적이 없다. • 화를 낸 적이 한 번도 없다.					

▶측정결과

㉠ '그렇다'가 많은 경우 : 실제의 자기와는 다른, 말하자면 원칙으로 해답할 가능성이 있다.

• 면접관의 심리 : '거짓을 말하고 있다.'

• 면접대책 : 조금이라도 좋게 보이려고 하는 '거짓말쟁이'로 평가될 수 있다. '거짓을 말하고 있다.'는 마음 따위가 전혀 없다 해도 결과적으로는 정직하게 답하지 않는다는 것이 되어 버린다. '허위성'의 측정 질문은 구분되지 않고 다른 질문 중에 섞여 있다. 그러므로 모든 질문에 솔직하게 답하여야 한다. 또한 자기 자신과 너무 동떨어진 이미지로 답하면 좋은 결과를 얻지 못한다. 그리고 면접에서 '허위성'을 기본으로 한 질문을 받게 되므로 당황하거나 또 다른 모순된 답변을 하게 된다. 겉치레를 하거나 무리한 욕심을 부리지 말고 '이런 사회인이 되고 싶다.'는 현재의 자신보다, 조금 성장한 자신을 표현하는 정도가 적당하다.

㉡ '그렇지 않다'가 많은 경우 : 냉정하고 정직하며, 외부의 압력과 스트레스에 강한 유형이다. '대쪽 같음'의 이미지가 굳어지지 않도록 주의한다.

(2) 행동적인 측면

행동적 측면은 인격 중에 특히 행동으로 드러나기 쉬운 측면을 측정한다. 사람의 행동 특징 자체에는 선도 악도 없으나, 일반적으로는 일의 내용에 의해 원하는 행동이 있다. 때문에 행동적 측면은 주로 직종과 깊은 관계가 있는데 자신의 행동 특성을 살려 적합한 직종을 선택한다면 플러스가 될 수 있다.

행동 특성에서 보여지는 특징은 면접장면에서도 드러나기 쉬운데 본서의 모의 TEST의 결과를 참고하여 자신의 태도, 행동이 면접관의 시선에 어떻게 비치는지를 점검하도록 한다.

① 사회적 내향성 … 대인관계에서 나타나는 행동경향으로 '낯가림'을 측정한다.

질문	선택
A : 파티에서는 사람을 소개받는 편이다. B : 파티에서는 사람을 소개하는 편이다.	
A : 처음 보는 사람과는 어색하게 시간을 보내는 편이다. B : 처음 보는 사람과는 즐거운 시간을 보내는 편이다.	
A : 친구가 적은 편이다. B : 친구가 많은 편이다.	
A : 자신의 의견을 말하는 경우가 적다. B : 자신의 의견을 말하는 경우가 많다.	
A : 사교적인 모임에 참석하는 것을 좋아하지 않는다. B : 사교적인 모임에 항상 참석한다.	

▶측정결과

㉠ 'A'가 많은 경우 : 내성적이고 사람들과 접하는 것에 소극적이다. 자신의 의견을 말하지 않고 조심스러운 편이다.
• 면접관의 심리 : '소극적인데 동료와 잘 지낼 수 있을까?'
• 면접대책 : 대인관계를 맺는 것을 싫어하지 않고 의욕적으로 일을 할 수 있다는 것을 보여준다.

㉡ 'B'가 많은 경우 : 사교적이고 자기의 생각을 명확하게 전달할 수 있다.
• 면접관의 심리 : '사교적이고 활동적인 것은 좋지만, 자기주장이 너무 강하지 않을까?'
• 면접대책 : 협조성을 보여주고, 자기주장이 너무 강하다는 인상을 주지 않도록 주의한다.

② 내성성(침착도) … 자신의 행동과 일에 대해 침착하게 생각하는 정도를 측정한다.

질문	선택
A : 시간이 걸려도 침착하게 생각하는 경우가 많다. B : 짧은 시간에 결정을 하는 경우가 많다.	
A : 실패의 원인을 찾고 반성하는 편이다. B : 실패를 해도 그다지(별로) 개의치 않는다.	
A : 결론이 도출되어도 몇 번 정도 생각을 바꾼다. B : 결론이 도출되면 신속하게 행동으로 옮긴다.	
A : 여러 가지 생각하는 것이 능숙하다. B : 여러 가지 일을 재빨리 능숙하게 처리하는 데 익숙하다.	
A : 여러 가지 측면에서 사물을 검토한다. B : 행동한 후 생각을 한다.	

▶측정결과

㉠ 'A'가 많은 경우 : 행동하기 보다는 생각하는 것을 좋아하고 신중하게 계획을 세워 실행한다.
• 면접관의 심리 : '행동으로 실천하지 못하고, 대응이 늦은 경향이 있지 않을까?'
• 면접대책 : 발로 뛰는 것을 좋아하고, 일을 더디게 한다는 인상을 주지 않도록 한다.

㉡ 'B'가 많은 경우 : 차분하게 생각하는 것보다 우선 행동하는 유형이다.
• 면접관의 심리 : '생각하는 것을 싫어하고 경솔한 행동을 하지 않을까?'
• 면접대책 : 계획을 세우고 행동할 수 있는 것을 보여주고 '사려 깊다'라는 인상을 남기도록 한다.

③ 신체활동성 … 몸을 움직이는 것을 좋아하는가를 측정한다.

질문	선택
A : 민첩하게 활동하는 편이다. B : 준비행동이 없는 편이다.	
A : 일을 척척 해치우는 편이다. B : 일을 더디게 처리하는 편이다.	
A : 활발하다는 말을 듣는다. B : 얌전하다는 말을 듣는다.	
A : 몸을 움직이는 것을 좋아한다. B : 가만히 있는 것을 좋아한다.	
A : 스포츠를 하는 것을 즐긴다. B : 스포츠를 보는 것을 좋아한다.	

▶측정결과

㉠ 'A'가 많은 경우 : 활동적이고, 몸을 움직이게 하는 것이 컨디션이 좋다.

• 면접관의 심리 : '활동적으로 활동력이 좋아 보인다.'

• 면접대책 : 활동하고 얻은 성과 등과 주어진 상황의 대응능력을 보여준다.

㉡ 'B'가 많은 경우 : 침착한 인상으로, 차분하게 있는 타입이다.

• 면접관의 심리 : '좀처럼 행동하려 하지 않아 보이고, 일을 빠르게 처리할 수 있을까?'

④ **지속성(노력성)** … 무슨 일이든 포기하지 않고 끈기 있게 하려는 정도를 측정한다.

질문	선택
A : 일단 시작한 일은 시간이 걸려도 끝까지 마무리한다. B : 일을 하다 어려움에 부딪히면 단념한다.	
A : 끈질긴 편이다. B : 바로 단념하는 편이다.	
A : 인내가 강하다는 말을 듣는다. B : 금방 싫증을 낸다는 말을 듣는다.	
A : 집념이 깊은 편이다. B : 담백한 편이다.	
A : 한 가지 일에 구애되는 것이 좋다고 생각한다. B : 간단하게 체념하는 것이 좋다고 생각한다.	

▶측정결과

㉠ 'A'가 많은 경우 : 시작한 것은 어려움이 있어도 포기하지 않고 인내심이 높다.
- 면접관의 심리 : '한 가지의 일에 너무 구애되고, 업무의 진행이 원활할까?'
- 면접대책 : 인내력이 있는 것은 플러스 평가를 받을 수 있지만 집착이 강해 보이기도 한다.

㉡ 'B'가 많은 경우 : 뒤끝이 없고 조그만 실패로 일을 포기하기 쉽다.
- 면접관의 심리 : '질리는 경향이 있고, 일을 정확히 끝낼 수 있을까?'
- 면접대책 : 지속적인 노력으로 성공했던 사례를 준비하도록 한다.

⑤ 신중성(주의성) ··· 자신이 처한 주변 상황을 즉시 파악하고 자신의 행동이 어떤 영향을 미치는지를 측정한다.

질문	선택
A : 여러 가지로 생각하면서 완벽하게 준비하는 편이다. B : 행동할 때부터 임기응변적인 대응을 하는 편이다.	
A : 신중해서 타이밍을 놓치는 편이다. B : 준비 부족으로 실패하는 편이다.	
A : 자신은 어떤 일에도 신중히 대응하는 편이다. B : 순간적인 충동으로 활동하는 편이다.	
A : 시험을 볼 때 끝날 때까지 재검토하는 편이다. B : 시험을 볼 때 한 번에 모든 것을 마치는 편이다.	
A : 일에 대해 계획표를 만들어 실행한다. B : 일에 대한 계획표 없이 진행한다.	

▶측정결과

㉠ 'A'가 많은 경우 : 주변 상황에 민감하고, 예측하여 계획 있게 일을 진행한다.

• 면접관의 심리 : '너무 신중해서 적절한 판단을 할 수 있을까?', '앞으로의 상황에 불안을 느끼지 않을까?'

• 면접대책 : 예측을 하고 실행을 하는 것은 플러스 평가가 되지만, 너무 신중하면 일의 진행이 정체될 가능성을 보이므로 추진력이 있다는 강한 의욕을 보여준다.

㉡ 'B'가 많은 경우 : 주변 상황을 살펴보지 않고 착실한 계획 없이 일을 진행시킨다.

• 면접관의 심리 : '사려 깊지 않고, 실패하는 일이 많지 않을까?', '판단이 빠르고 유연한 사고를 할 수 있을까?'

• 면접대책 : 사전준비를 중요하게 생각하고 있다는 것 등을 보여주고, 경솔한 인상을 주지 않도록 한다. 또한 판단력이 빠르거나 유연한 사고 덕분에 일 처리를 잘 할 수 있다는 것을 강조한다.

(3) 의욕적인 측면

의욕적인 측면은 의욕의 정도, 활동력의 유무 등을 측정한다. 여기서의 의욕이란 우리들이 보통 말하고 사용하는 '하려는 의지'와는 조금 뉘앙스가 다르다. '하려는 의지'란 그 때의 환경이나 기분에 따라 변화하는 것이지만, 여기에서는 조금 더 변화하기 어려운 특징, 말하자면 정신적 에너지의 양으로 측정하는 것이다.

의욕적 측면은 행동적 측면과는 다르고, 전반적으로 어느 정도 점수가 높은 쪽을 선호한다. 모의검사에서 의욕적 측면의 결과가 낮다면, 평소 일에 몰두할 때 조금 의욕 있는 자세를 가지고 서서히 개선하도록 노력해야 한다.

① 달성의욕 … 목적의식을 가지고 높은 이상을 가지고 있는지를 측정한다.

질문	선택
A : 경쟁심이 강한 편이다. B : 경쟁심이 약한 편이다.	
A : 어떤 한 분야에서 제1인자가 되고 싶다고 생각한다. B : 어느 분야에서든 성실하게 임무를 진행하고 싶다고 생각한다.	
A : 규모가 큰일을 해보고 싶다. B : 맡은 일에 충실히 임하고 싶다.	
A : 아무리 노력해도 실패한 것은 아무런 도움이 되지 않는다. B : 가령 실패했을 지라도 나름대로의 노력이 있었으므로 괜찮다.	
A : 높은 목표를 설정하여 수행하는 것이 의욕적이다. B : 실현 가능한 정도의 목표를 설정하는 것이 의욕적이다.	

▶측정결과

㉠ 'A'가 많은 경우 : 큰 목표와 높은 이상을 가지고 승부욕이 강한 편이다.
• 면접관의 심리 : '열심히 일을 해줄 것 같은 유형이다.'
• 면접대책 : 달성의욕이 높다는 것은 어떤 직종이라도 플러스 평가가 된다.

㉡ 'B'가 많은 경우 : 현재의 생활을 소중하게 여기고 비약적인 발전을 위하여 기를 쓰지 않는다.
• 면접관의 심리 : '외부의 압력에 약하고, 기획입안 등을 하기 어려울 것이다.'
• 면접대책 : 일을 통하여 하고 싶은 것들을 구체적으로 어필한다.

② **활동의욕** … 자신에게 잠재된 에너지의 크기로, 정신적인 측면의 활동력이라 할 수 있다.

질문	선택
A : 하고 싶은 일을 실행으로 옮기는 편이다. B : 하고 싶은 일을 좀처럼 실행할 수 없는 편이다.	
A : 어려운 문제를 해결해 가는 것이 좋다. B : 어려운 문제를 해결하는 것을 잘하지 못한다.	
A : 일반적으로 결단이 빠른 편이다. B : 일반적으로 결단이 느린 편이다.	
A : 곤란한 상황에도 도전하는 편이다. B : 사물의 본질을 깊게 관찰하는 편이다.	
A : 시원시원하다는 말을 잘 듣는다. B : 꼼꼼하다는 말을 잘 듣는다.	

▶측정결과

㉠ 'A'가 많은 경우 : 꾸물거리는 것을 싫어하고 재빠르게 결단해서 행동하는 타입이다.
• 면접관의 심리 : '일을 처리하는 솜씨가 좋고, 일을 척척 진행할 수 있을 것 같다.'
• 면접대책 : 활동의욕이 높은 것은 플러스 평가가 된다. 사교성이나 활동성이 강하다는 인상을 준다.

㉡ 'B'가 많은 경우 : 안전하고 확실한 방법을 모색하고 차분하게 시간을 아껴서 일에 임하는 타입이다.
• 면접관의 심리 : '재빨리 행동을 못하고, 일의 처리속도가 느린 것이 아닐까?'
• 면접대책 : 활동성이 있는 것을 좋아하고 움직임이 더디다는 인상을 주지 않도록 한다.

3 성격의 유형

(1) 인성검사유형의 4가지 척도

정서적인 측면, 행동적인 측면, 의욕적인 측면의 요소들은 성격 특성이라는 관점에서 제시된 것들로 각 개인의 장·단점을 파악하는 데 유용하다. 그러나 전체적인 개인의 인성을 이해하는 데는 한계가 있다.

성격의 유형은 개인의 '성격적인 특색'을 가리키는 것으로, 사회인으로서 적합한지, 아닌지를 말하는 관점과는 관계가 없다. 따라서 채용의 합격 여부에는 사용되지 않는 경우가 많으며, 입사 후의 적정 부서 배치의 자료가 되는 편이라 생각하면 된다. 그러나 채용과 관계가 없다고 해서 아무런 준비도 필요없는 것은 아니다. 자신을 아는 것은 면접 대책의 밑거름이 되므로 모의검사 결과를 충분히 활용하도록 하여야 한다.

본서에서는 4개의 척도를 사용하여 기본적으로 16개의 패턴으로 성격의 유형을 분류하고 있다. 각 개인의 성격이 어떤 유형인지 재빨리 파악하기 위해 사용되며, '적성'에 맞는지, 맞지 않는지의 관점에 활용된다.

- 흥미·관심의 방향 : 내향형 ←——→ 외향형
- 사물에 대한 견해 : 직관형 ←——→ 감각형
- 판단하는 방법 : 감정형 ←——→ 사고형
- 환경에 대한 접근방법 : 지각형 ←——→ 판단형

(2) 성격유형

① **흥미·관심의 방향(내향↪외향)** ··· 흥미·관심의 방향이 자신의 내면에 있는지, 주위환경 등 외면에 향하는지를 가리키는 척도이다.

질문	선택
A : 내성적인 성격인 편이다. B : 개방적인 성격인 편이다.	
A : 항상 신중하게 생각을 하는 편이다. B : 바로 행동에 착수하는 편이다.	
A : 수수하고 조심스러운 편이다. B : 자기 표현력이 강한 편이다.	
A : 다른 사람과 함께 있으면 침착하지 않다. B : 혼자서 있으면 침착하지 않다.	

▶측정결과

㉠ 'A'가 많은 경우(내향) : 관심의 방향이 자기 내면에 있으며, 조용하고 낯을 가리는 유형이다. 행동력은 부족하나 집중력이 뛰어나고 신중하고 꼼꼼하다.

㉡ 'B'가 많은 경우(외향) : 관심의 방향이 외부환경에 있으며, 사교적이고 활동적인 유형이다. 꼼꼼함이 부족하여 대충하는 경향이 있으나 행동력이 있다.

② **일(사물)을 보는 방법(직감↪감각)** ··· 일(사물)을 보는 법이 직감적으로 형식에 얽매이는지, 감각적으로 상식적인지를 가리키는 척도이다.

질문	선택
A : 현실주의적인 편이다. B : 상상력이 풍부한 편이다.	
A : 정형적인 방법으로 일을 처리하는 것을 좋아한다. B : 만들어진 방법에 변화가 있는 것을 좋아한다.	
A : 경험에서 가장 적합한 방법으로 선택한다. B : 지금까지 없었던 새로운 방법을 개척하는 것을 좋아한다.	
A : 호기심이 강하다는 말을 듣는다. B : 성실하다는 말을 듣는다.	

▶측정결과

㉠ 'A'가 많은 경우(감각) : 현실적이고 경험주의적이며 보수적인 유형이다.

㉡ 'B'가 많은 경우(직관) : 새로운 주제를 좋아하며, 독자적인 시각을 가진 유형이다.

③ 판단하는 방법(감정⇆사고) … 일을 감정적으로 판단하는지, 논리적으로 판단하는지를 가리키는 척도이다.

질문	선택
A : 인간관계를 중시하는 편이다. B : 일의 내용을 중시하는 편이다. A : 결론을 자기의 신념과 감정에서 이끌어내는 편이다. B : 결론을 논리적 사고에 의거하여 내리는 편이다. A : 다른 사람보다 동정적이고 눈물이 많은 편이다. B : 다른 사람보다 이성적이고 냉정하게 대응하는 편이다.	

▶측정결과
㉠ 'A'가 많은 경우(감정) : 일을 판단할 때 마음·감정을 중요하게 여기는 유형이다. 감정이 풍부하고 친절하나 엄격함이 부족하고 우유부단하며, 합리성이 부족하다.
㉡ 'B'가 많은 경우(사고) : 일을 판단할 때 논리성을 중요하게 여기는 유형이다. 이성적이고 합리적이나 타인에 대한 배려가 부족하다.

④ 환경에 대한 접근방법 … 주변 상황에 어떻게 접근하는지, 그 판단기준을 어디에 두는지를 측정한다.

질문	선택
A : 사전에 계획을 세우지 않고 행동한다. B : 반드시 계획을 세우고 그것에 의거해서 행동한다. A : 자유롭게 행동하는 것을 좋아한다. B : 조직적으로 행동하는 것을 좋아한다. A : 조직성이나 관습에 속박당하지 않는다. B : 조직성이나 관습을 중요하게 여긴다. A : 계획 없이 낭비가 심한 편이다. B : 예산을 세워 물건을 구입하는 편이다.	

▶측정결과
㉠ 'A'가 많은 경우(지각) : 일의 변화에 융통성을 가지고 유연하게 대응하는 유형이다. 낙관적이며 질서보다는 자유를 좋아하나 임기응변식의 대응으로 무계획적인 인상을 줄 수 있다.
㉡ 'B'가 많은 경우(판단) : 일의 진행시 계획을 세워서 실행하는 유형이다. 순차적으로 진행하는 일을 좋아하고 끈기가 있으나 변화에 대해 적절하게 대응하지 못하는 경향이 있다.

(3) 성격유형의 판정

성격유형은 합격 여부의 판정보다는 배치를 위한 자료로써 이용된다. 즉, 기업은 입사시험단계에서 입사 후에도 사용할 수 있는 정보를 입수하고 있다는 것이다. 성격검사에서는 어느 척도가 얼마나 고득점이었는지에 주시하고 각각의 측면에서 반드시 하나씩 고르고 편성한다. 편성은 모두 16가지가 되나 각각의 측면을 더 세분하면 200가지 이상의 유형이 나온다.

여기에서는 16가지 편성을 제시한다. 성격검사에 어떤 정보가 게재되어 있는지를 이해하면서 자기의 성격유형을 파악하기 위한 실마리로 활용하도록 한다.

① 내향 – 직관 – 감정 – 지각(TYPE A)

관심이 내면에 향하고 조용하고 소극적이다. 사물에 대한 견해는 새로운 것에 대해 호기심이 강하고, 독창적이다. 감정은 좋아하는 것과 싫어하는 것의 판단이 확실하고, 감정이 풍부하고 따뜻한 느낌이 있는 반면, 합리성이 부족한 경향이 있다. 환경에 접근하는 방법은 순응적이고 상황의 변화에 대해 유연하게 대응하는 것을 잘한다.

② 내향 – 직관 – 감정 – 판단(TYPE B)

관심이 내면으로 향하고 조용하고 쑥쓰러움을 잘 타는 편이다. 사물을 보는 관점은 독창적이며, 자기 나름대로 궁리하며 생각하는 일이 많다. 좋고 싫음으로 판단하는 경향이 강하고 타인에게는 친절한 반면, 우유부단하기 쉬운 편이다. 환경 변화에 대해 유연하게 대응하는 것을 잘한다.

③ 내향 – 직관 – 사고 – 지각(TYPE C)

관심이 내면으로 향하고 얌전하고 교제범위가 좁다. 사물을 보는 관점은 독창적이며, 현실에서 먼 추상적인 것을 생각하기를 좋아한다. 논리적으로 생각하고 판단하는 경향이 강하고 이성적이지만, 남의 감정에 대해서는 무반응인 경향이 있다. 환경의 변화에 순응적이고 융통성있게 임기응변으로 대응할 수가 있다.

④ 내향 – 직관 – 사고 – 판단(TYPE D)

관심이 내면으로 향하고 주의깊고 신중하게 행동을 한다. 사물을 보는 관점은 독창적이며 논리를 좋아해서 이치를 따지는 경향이 있다. 논리적으로 생각하고 판단하는 경향이 강하고, 객관적이지만 상대방의 마음에 대한 배려가 부족한 경향이 있다. 환경에 대해서는 순응하는 것보다 대응하며, 한 번 정한 것은 끈질기게 행동하려 한다.

⑤ 내향 – 감각 – 감정 – 지각(TYPE E)

관심이 내면으로 향하고 조용하며 소극적이다. 사물을 보는 관점은 상식적이고 그대로의 것을 좋아하는 경향이 있다. 좋음과 싫음으로 판단하는 경향이 강하고 타인에 대해서 동정심이 많은 반면, 엄격한 면이 부족한 경향이 있다. 환경에 대해서는 순응적이고, 예측할 수 없다해도 태연하게 행동하는 경향이 있다.

⑥ 내향 – 감각 – 감정 – 판단(TYPE F)

관심이 내면으로 향하고 얌전하며 쑥쓰러움을 많이 탄다. 사물을 보는 관점은 상식적이고 논리적으로 생각하는 것보다도 경험을 중요시하는 경향이 있다. 좋고 싫음으로 판단하는 경향이 강하고 사람이 좋은 반면, 개인적 취향이나 소원에 영향을 받는 일이 많은 경향이 있다. 환경에 대해서는 영향을 받지 않고, 자기 페이스 대로 꾸준히 성취하는 일을 잘한다.

⑦ 내향 – 감각 – 사고 – 지각(TYPE G)

관심이 내면으로 향하고 얌전하고 교제범위가 좁다. 사물을 보는 관점은 상식적인 동시에 실천적이며, 틀에 박힌 형식을 좋아한다. 논리적으로 판단하는 경향이 강하고 침착하지만 사람에 대해서는 엄격하여 차가운 인상을 주는 일이 많다. 환경에 대해서 순응적이고, 계획적으로 행동하지 않으며 자유로운 행동을 좋아하는 경향이 있다.

⑧ 내향 – 감각 – 사고 – 판단(TYPE H)

관심이 내면으로 향하고 주의 깊고 신중하게 행동을 한다. 사물을 보는 관점이 상식적이고 새롭고 경험하지 못한 일에 대응을 잘하지 못한다. 논리적으로 생각하고 판단하는 경향이 강하고, 공평하지만 상대방의 감정에 대해 배려가 부족할 때가 있다. 환경에 대해서는 작용하는 편이고, 질서있게 행동하는 것을 좋아한다.

⑨ 외향 – 직관 – 감정 – 지각(TYPE I)

관심이 외향으로 향하고 밝고 활동적이며 교제범위가 넓다. 사물을 보는 관점은 독창적이고 호기심이 강하며 새로운 것을 생각하는 것을 좋아한다. 좋음 싫음으로 판단하는 경향이 강하다. 사람은 좋은 반면 개인적 취향이나 소원에 영향을 받는 일이 많은 편이다.

⑩ 외향 – 직관 – 감정 – 판단(TYPE J)

관심이 외향으로 향하고 개방적이며 누구와도 쉽게 친해질 수 있다. 사물을 보는 관점은 독창적이고 자기 나름대로 궁리하고 생각하는 면이 많다. 좋음과 싫음으로 판단하는 경향이 강하고, 타인에 대해 동정적이기 쉽고 엄격함이 부족한 경향이 있다. 환경에 대해서는 작용하는 편이고 질서 있는 행동을 하는 것을 좋아한다.

⑪ 외향 – 직관 – 사고 – 지각(TYPE K)

관심이 외향으로 향하고 태도가 분명하며 활동적이다. 사물을 보는 관점은 독창적이고 현실과 거리가 있는 추상적인 것을 생각하는 것을 좋아한다. 논리적으로 생각하고 판단하는 경향이 강하고, 공평하지만 상대에 대한 배려가 부족할 때가 있다.

⑫ 외향 – 직관 – 사고 – 판단(TYPE L)

관심이 외향으로 향하고 밝고 명랑한 성격이며 사교적인 것을 좋아한다. 사물을 보는 관점은 독창적이고 논리적인 것을 좋아하기 때문에 이치를 따지는 경향이 있다. 논리적으로 생각하고 판단하는 경향이 강하고 침착성이 뛰어나지만 사람에 대해서 엄격하고 차가운 인상을 주는 경우가 많다. 환경에 대해 작용하는 편이고 계획을 세우고 착실하게 실행하는 것을 좋아한다.

⑬ 외향 – 감각 – 감정 – 지각(TYPE M)

관심이 외향으로 향하고 밝고 활동적이고 교제범위가 넓다. 사물을 보는 관점은 상식적이고 종래대로 있는 것을 좋아한다. 보수적인 경향이 있고 좋아함과 싫어함으로 판단하는 경향이 강하며 타인에게는 친절한 반면, 우유부단한 경우가 많다. 환경에 대해 순응적이고, 융통성이 있고 임기응변으로 대응할 가능성이 높다.

⑭ 외향 – 감각 – 감정 – 판단(TYPE N)

관심이 외향으로 향하고 개방적이며 누구와도 쉽게 대면할 수 있다. 사물을 보는 관점은 상식적이고 논리적으로 생각하기보다는 경험을 중시하는 편이다. 좋아함과 싫어함으로 판단하는 경향이 강하고 감정이 풍부하며 따뜻한 느낌이 있는 반면에 합리성이 부족한 경우가 많다. 환경에 대해서 작용하는 편이고, 한 번 결정한 것은 끈질기게 실행하려고 한다.

⑮ 외향 – 감각 – 사고 – 지각(TYPE O)

관심이 외향으로 향하고 시원한 태도이며 활동적이다. 사물을 보는 관점이 상식적이며 동시에 실천적이고 명백한 형식을 좋아하는 경향이 있다. 논리적으로 생각하고 판단하는 경향이 강하고, 객관적이지만 상대 마음에 대해 배려가 부족한 경향이 있다.

⑯ 외향 – 감각 – 사고 – 판단(TYPE P)

관심이 외향으로 향하고 밝고 명랑하며 사교적인 것을 좋아한다. 사물을 보는 관점은 상식적이고 경험하지 못한 새로운 것에 대응을 잘 하지 못한다. 논리적으로 생각하고 판단하는 경향이 강하고 이성적이지만 사람의 감정에 무심한 경향이 있다. 환경에 대해서는 작용하는 편이고, 자기 페이스대로 꾸준히 성취하는 것을 잘한다.

4 인성검사의 대책

(1) 미리 알아두어야 할 점

① 출제 문항 수 … 인성검사의 출제 문항 수는 특별히 정해진 것이 아니며 각 기업체의 기준에 따라 달라질 수 있다. 보통 100문항 이상에서 500문항까지 출제된다고 예상하면 된다.

　　㉠ 1Set로 묶인 세 개의 문항 중 자신에게 가장 가까운 것(Most)과 가장 먼 것(Least)을 하나씩 고르는 유형 (72Set, 1Set당 3문항)

다음 세 가지 문항 중 자신에게 가장 가까운 것은 Most, 가장 먼 것은 Least에 체크하시오.

질문	Most	Least
① 자신의 생각이나 의견은 좀처럼 변하지 않는다.	✔	
② 구입한 후 끝까지 읽지 않은 책이 많다.		✔
③ 여행가기 전에 계획을 세운다.		

　　㉡ '예' 아니면 '아니오'의 유형(178문항)

다음 문항을 읽고 자신에게 해당되는지 안 되는지를 판단하여 해당될 경우 '예'를, 해당되지 않을 경우 '아니오'를 고르시오.

질문	예	아니오
① 걱정거리가 있어서 잠을 못 잘 때가 있다.	✔	
② 시간에 쫓기는 것이 싫다.		✔

　　㉢ 그 외의 유형

다음 문항에 대해서 평소에 자신이 생각하고 있는 것이나 행동하고 있는 것에 체크하시오.

질문	전혀 그렇지 않다	그렇지 않다	그렇다	매우 그렇다
① 머리를 쓰는 것보다 땀을 흘리는 일이 좋다.			✔	
② 자신은 사교적이 아니라고 생각한다.	✔			

(2) 임하는 자세

① **솔직하게 있는 그대로 표현한다** … 인성검사는 평범한 일상생활 내용들을 다룬 짧은 문장과 어떤 대상이나 일에 대한 선로를 선택하는 문장으로 구성되었으므로 평소에 자신이 생각한 바를 너무 골똘히 생각하지 말고 문제를 보는 순간 떠오른 것을 표현한다.

② **모든 문제를 신속하게 대답한다** … 인성검사는 시간 제한이 없는 것이 원칙이지만 기업체들은 일정한 시간 제한을 두고 있다. 인성검사는 개인의 성격과 자질을 알아보기 위한 검사이기 때문에 정답이 없다. 다만, 기업체에서 바람직하게 생각하거나 기대되는 결과가 있을 뿐이다. 따라서 시간에 쫓겨서 대충 대답을 하는 것은 바람직하지 못하다.

CHAPTER

02

실전 인성검사

※ 인성검사는 응시자의 인성을 파악하기 위한 자료이므로 정답이 존재하지 않습니다.

▌1~250▐ 다음 (   ) 안에 진술이 자신에게 적합하면 YES, 그렇지 않다면 NO를 선택하시오.

	YES	NO
1. 사람들이 붐비는 도시보다 한적한 시골이 좋다.	( )	( )
2. 전자기기를 잘 다루지 못하는 편이다.	( )	( )
3. 인생에 대해 깊이 생각해 본 적이 없다.	( )	( )
4. 혼자서 식당에 들어가는 것은 전혀 두려운 일이 아니다.	( )	( )
5. 남녀 사이의 연애에서 중요한 것은 돈이다.	( )	( )
6. 걸음걸이가 빠른 편이다.	( )	( )
7. 육류보다 채소류를 더 좋아한다.	( )	( )
8. 소곤소곤 이야기하는 것을 보면 자기에 대해 험담하고 있는 것으로 생각된다.	( )	( )
9. 여럿이 어울리는 자리에서 이야기를 주도하는 편이다.	( )	( )
10. 집에 머무는 시간보다 밖에서 활동하는 시간이 더 많은 편이다.	( )	( )
11. 무엇인가 창조해내는 작업을 좋아한다.	( )	( )
12. 자존심이 강하다고 생각한다.	( )	( )
13. 금방 흥분하는 성격이다.	( )	( )
14. 거짓말을 한 적이 많다.	( )	( )
15. 신경질적인 편이다.	( )	( )
16. 끙끙대며 고민하는 타입이다.	( )	( )
17. 자신이 맡은 일에 반드시 책임을 지는 편이다.	( )	( )
18. 누군가와 마주하는 것보다 통화로 이야기하는 것이 더 편하다.	( )	( )
19. 운동신경이 뛰어난 편이다.	( )	( )
20. 생각나는 대로 말해버리는 편이다.	( )	( )
21. 싫어하는 사람이 없다.	( )	( )

YES   NO

22. 학창시절 국·영·수보다는 예체능 과목을 더 좋아했다. ·······( )( )
23. 쓸데없는 고생을 하는 일이 많다. ·······( )( )
24. 자주 생각이 바뀌는 편이다. ·······( )( )
25. 갈등은 대화로 해결한다. ·······( )( )
26. 내 방식대로 일을 한다. ·······( )( )
27. 영화를 보고 운 적이 많다. ·······( )( )
28. 어떤 것에 대해서도 화낸 적이 없다. ·······( )( )
29. 좀처럼 아픈 적이 없다. ·······( )( )
30. 자신은 도움이 안 되는 사람이라고 생각한다. ·······( )( )
31. 어떤 일이든 쉽게 싫증을 내는 편이다. ·······( )( )
32. 개성적인 사람이라고 생각한다. ·······( )( )
33. 자기주장이 강한 편이다. ·······( )( )
34. 뒤숭숭하다는 말을 들은 적이 있다. ·······( )( )
35. 인터넷 사용이 아주 능숙하다. ·······( )( )
36. 사람들과 관계 맺는 것을 보면 잘하지 못한다. ·······( )( )
37. 사고방식이 독특하다. ·······( )( )
38. 대중교통보다는 걷는 것을 더 선호한다. ·······( )( )
39. 끈기가 있는 편이다. ·······( )( )
40. 신중한 편이라고 생각한다. ·······( )( )
41. 인생의 목표는 큰 것이 좋다. ·······( )( )
42. 어떤 일이라도 바로 시작하는 타입이다. ·······( )( )
43. 낯가림을 하는 편이다. ·······( )( )
44. 생각하고 나서 행동하는 편이다. ·······( )( )
45. 쉬는 날은 밖으로 나가는 경우가 많다. ·······( )( )
46. 시작한 일은 반드시 완성시킨다. ·······( )( )
47. 면밀한 계획을 세운 여행을 좋아한다. ·······( )( )
48. 야망이 있는 편이라고 생각한다. ·······( )( )

49. 활동력이 있는 편이다. ……………………………………………………………………( )( )

50. 많은 사람들과 왁자지껄하게 식사하는 것을 좋아하지 않는다. ……………………( )( )

51. 장기적인 계획을 세우는 것을 꺼려한다. ………………………………………………( )( )

52. 자기 일이 아닌 이상 무심한 편이다. ……………………………………………………( )( )

53. 하나의 취미에 열중하는 타입이다. ………………………………………………………( )( )

54. 스스로 모임에서 회장에 어울린다고 생각한다. ………………………………………( )( )

55. 입신출세의 성공이야기를 좋아한다. ……………………………………………………( )( )

56. 어떠한 일도 의욕을 가지고 임하는 편이다. ……………………………………………( )( )

57. 학급에서는 존재가 희미했다. ………………………………………………………………( )( )

58. 항상 무언가를 생각하고 있다. ………………………………………………………………( )( )

59. 스포츠는 보는 것보다 하는 게 좋다. ……………………………………………………( )( )

60. 문제 상황을 바르게 인식하고 현실적이고 객관적으로 대처한다. …………………( )( )

61. 흐린 날은 반드시 우산을 가지고 간다. …………………………………………………( )( )

62. 여러 명보다 1 : 1로 대화하는 것을 선호한다. …………………………………………( )( )

63. 공격하는 타입이라고 생각한다. ……………………………………………………………( )( )

64. 리드를 받는 편이다. …………………………………………………………………………( )( )

65. 너무 신중해서 기회를 놓친 적이 있다. …………………………………………………( )( )

66. 시원시원하게 움직이는 타입이다. …………………………………………………………( )( )

67. 야근을 해서라도 업무를 끝낸다. ……………………………………………………………( )( )

68. 누군가를 방문할 때는 반드시 사전에 확인한다. ………………………………………( )( )

69. 아무리 노력해도 결과가 따르지 않는다면 의미가 없다. ……………………………( )( )

70. 솔직하고 타인에 대해 개방적이다. ………………………………………………………( )( )

71. 유행에 둔감하다고 생각한다. ………………………………………………………………( )( )

72. 정해진 대로 움직이는 것은 시시하다. …………………………………………………( )( )

73. 꿈을 계속 가지고 있고 싶다. ………………………………………………………………( )( )

74. 질서보다 자유를 중요시하는 편이다. ……………………………………………………( )( )

75. 혼자서 취미에 몰두하는 것을 좋아한다. …………………………………………………( )( )

76. 직관적으로 판단하는 편이다. ··(   )(   )

77. 영화나 드라마를 보며 등장인물의 감정에 이입된다. ····························(   )(   )

78. 시대의 흐름에 역행해서라도 자신을 관철하고 싶다. ····························(   )(   )

79. 다른 사람의 소문에 관심이 없다. ··(   )(   )

80. 창조적인 편이다. ··(   )(   )

81. 비교적 눈물이 많은 편이다. ··(   )(   )

82. 융통성이 있다고 생각한다. ··(   )(   )

83. 친구의 휴대전화 번호를 잘 모른다. ··(   )(   )

84. 스스로 고안하는 것을 좋아한다. ··(   )(   )

85. 정이 두터운 사람으로 남고 싶다. ··(   )(   )

86. 새로 나온 전자제품의 사용방법을 익히는 데 오래 걸린다. ····················(   )(   )

87. 세상의 일에 별로 관심이 없다. ···(   )(   )

88. 변화를 추구하는 편이다. ···(   )(   )

89. 업무는 인간관계로 선택한다. ··(   )(   )

90. 환경이 변하는 것에 구애되지 않는다. ···(   )(   )

91. 다른 사람들에게 첫인상이 좋다는 이야기를 자주 듣는다. ····················(   )(   )

92. 인생은 살 가치가 없다고 생각한다. ··(   )(   )

93. 의지가 약한 편이다. ··(   )(   )

94. 다른 사람이 하는 일에 별로 관심이 없다. ··(   )(   )

95. 자주 넘어지거나 다치는 편이다. ··(   )(   )

96. 심심한 것을 못 참는다. ···(   )(   )

97. 다른 사람을 욕한 적이 한 번도 없다. ···(   )(   )

98. 몸이 아프더라도 병원에 잘 가지 않는 편이다. ····································(   )(   )

99. 금방 낙심하는 편이다. ···(   )(   )

100. 평소 말이 빠른 편이다. ··(   )(   )

101. 어려운 일은 되도록 피하는 게 좋다. ···(   )(   )

102. 다른 사람이 내 의견에 간섭하는 것이 싫다. ······································(   )(   )

103. 낙천적인 편이다. ···( )( )

104. 남을 돕다가 오해를 산 적이 있다. ······················( )( )

105. 모든 일에 준비성이 철저한 편이다. ···················( )( )

106. 상냥하다는 말을 들은 적이 있다. ························( )( )

107. 맑은 날보다 흐린 날을 더 좋아한다. ···················( )( )

108. 많은 친구들을 만나는 것보다 단 둘이 만나는 것이 더 좋다. ···( )( )

109. 평소에 불평불만이 많은 편이다. ························( )( )

110. 가끔 나도 모르게 엉뚱한 행동을 하는 때가 있다. ···( )( )

111. 생리현상을 잘 참지 못하는 편이다. ···················( )( )

112. 다른 사람을 기다리는 경우가 많다. ···················( )( )

113. 술자리나 모임에 억지로 참여하는 경우가 많다. ····( )( )

114. 결혼과 연애는 별개라고 생각한다. ···················( )( )

115. 노후에 대해 걱정이 될 때가 많다. ····················( )( )

116. 잃어버린 물건은 쉽게 찾는 편이다. ···················( )( )

117. 비교적 쉽게 감격하는 편이다. ··························( )( )

118. 어떤 것에 대해서는 불만을 가진 적이 없다. ········( )( )

119. 걱정으로 밤에 못 잘 때가 많다. ························( )( )

120. 자주 후회하는 편이다. ····································( )( )

121. 쉽게 학습하지만 쉽게 잊어버린다. ···················( )( )

122. 낮보다 밤에 일하는 것이 좋다. ························( )( )

123. 많은 사람 앞에서도 긴장하지 않는다. ················( )( )

124. 상대방에게 감정 표현을 하기가 어렵게 느껴진다. ···( )( )

125. 인생을 포기하는 마음을 가진 적이 한 번도 없다. ···( )( )

126. 규칙에 대해 드러나게 반발하기보다 속으로 반발한다. ···( )( )

127. 자신의 언행에 대해 자주 반성한다. ···················( )( )

128. 활동범위가 좁아 늘 가던 곳만 고집한다. ·············( )( )

129. 나는 끈기가 다소 부족하다. ····························( )( )

130. 좋다고 생각하더라도 좀 더 검토하고 나서 실행한다. ·····················( )( )

131. 위대한 인물이 되고 싶다. ···( )( )

132. 한 번에 많은 일을 떠맡아도 힘들지 않다. ···( )( )

133. 사람과 약속은 부담스럽다. ···( )( )

134. 질문을 받으면 충분히 생각하고 나서 대답하는 편이다. ·························( )( )

135. 머리를 쓰는 것보다 땀을 흘리는 일이 좋다. ···( )( )

136. 결정한 것에는 철저히 구속받는다. ···( )( )

137. 아무리 바쁘더라도 자기관리를 위한 운동을 꼭 한다. ···························( )( )

138. 이왕 할 거라면 일등이 되고 싶다. ···( )( )

139. 과감하게 도전하는 타입이다. ···( )( )

140. 자신은 사교적이 아니라고 생각한다. ···( )( )

141. 무심코 도리에 대해서 말하고 싶어진다. ···( )( )

142. 목소리가 큰 편이다. ···( )( )

143. 단념하기보다 실패하는 것이 낫다고 생각한다. ·····································( )( )

144. 예상하지 못한 일은 하고 싶지 않다. ···( )( )

145. 파란만장하더라도 성공하는 인생을 살고 싶다. ·····································( )( )

146. 활기찬 편이라고 생각한다. ···( )( )

147. 자신의 성격으로 고민한 적이 있다. ···( )( )

148. 무심코 사람들을 평가 한다. ···( )( )

149. 때때로 성급하다고 생각한다. ···( )( )

150. 자신은 꾸준히 노력하는 타입이라고 생각한다. ·····································( )( )

151. 터무니없는 생각이라도 메모한다. ···( )( )

152. 리더십이 있는 사람이 되고 싶다. ···( )( )

153. 열정적인 사람이라고 생각한다. ··( )( )

154. 다른 사람 앞에서 이야기를 하는 것이 조심스럽다. ·······························( )( )

155. 세심하기보다 통찰력이 있는 편이다. ···( )( )

156. 엉덩이가 가벼운 편이다. ···( )( )

	YES	NO

157. 여러 가지로 구애받는 것을 견디지 못한다. ·····( )( )

158. 돌다리도 두들겨 보고 건너는 쪽이 좋다. ·····( )( )

159. 자신에게는 권력욕이 있다. ·····( )( )

160. 자신의 능력보다 과중한 업무를 할당받으면 기쁘다. ·····( )( )

161. 사색적인 사람이라고 생각한다. ·····( )( )

162. 비교적 개혁적이다. ·····( )( )

163. 좋고 싫음으로 정할 때가 많다. ·····( )( )

164. 전통에 얽매인 습관은 버리는 것이 적절하다. ·····( )( )

165. 교제 범위가 좁은 편이다. ·····( )( )

166. 발상의 전환을 할 수 있는 타입이라고 생각한다. ·····( )( )

167. 주관적인 판단으로 실수한 적이 있다. ·····( )( )

168. 현실적이고 실용적인 면을 추구한다. ·····( )( )

169. 타고난 능력에 의존하는 편이다. ·····( )( )

170. 다른 사람을 의식하여 외모에 신경을 쓴다. ·····( )( )

171. 마음이 담겨 있으면 선물은 아무 것이나 좋다. ·····( )( )

172. 여행은 내 마음대로 하는 것이 좋다. ·····( )( )

173. 추상적인 일에 관심이 있는 편이다. ·····( )( )

174. 큰일을 먼저 결정하고 세세한 일을 나중에 결정하는 편이다. ·····( )( )

175. 괴로워하는 사람을 보면 답답하다. ·····( )( )

176. 자신의 가치기준을 알아주는 사람은 아무도 없다. ·····( )( )

177. 인간성이 없는 사람과는 함께 일할 수 없다. ·····( )( )

178. 상상력이 풍부한 편이라고 생각한다. ·····( )( )

179. 의리, 인정이 두터운 상사를 만나고 싶다. ·····( )( )

180. 인생은 앞날을 알 수 없어 재미있다. ·····( )( )

181. 조직에서 분위기 메이커다. ·····( )( )

182. 반성하는 시간에 차라리 실수를 만회할 방법을 구상한다. ·····( )( )

183. 늘 하던 방식대로 일을 처리해야 마음이 편하다. ·····( )( )

184. 쉽게 이룰 수 있는 일에는 흥미를 느끼지 못한다. ·······································( )( )

185. 좋다고 생각하면 바로 행동한다. ···( )( )

186. 후배들은 무섭게 가르쳐야 따라온다. ··( )( )

187. 한 번에 많은 일을 떠맡는 것이 부담스럽다. ···( )( )

188. 능력 없는 상사라도 진급을 위해 아부할 수 있다. ···································( )( )

189. 질문을 받으면 그때의 느낌으로 대답하는 편이다. ···································( )( )

190. 땀을 흘리는 것보다 머리를 쓰는 일이 좋다. ··( )( )

191. 단체 규칙에 그다지 구속받지 않는다. ···( )( )

192. 물건을 자주 잃어버리는 편이다. ··( )( )

193. 불만이 생기면 즉시 말해야 한다. ···( )( )

194. 안전한 방법을 고르는 타입이다. ··( )( )

195. 사교성이 많은 사람을 보면 부럽다. ···( )( )

196. 성격이 급한 편이다. ···( )( )

197. 갑자기 중요한 프로젝트가 생기면 혼자서라도 야근할 수 있다. ·······················( )( )

198. 내 인생에 절대로 포기하는 경우는 없다. ··( )( )

199. 예상하지 못한 일도 해보고 싶다. ···( )( )

200. 평범하고 평온하게 행복한 인생을 살고 싶다. ··( )( )

201. 상사의 부정을 눈감아 줄 수 있다. ···( )( )

202. 자신은 소극적이라고 생각하지 않는다. ··( )( )

203. 이것저것 평하는 것이 싫다. ··( )( )

204. 자신은 꼼꼼한 편이라고 생각한다. ··( )( )

205. 꾸준히 노력하는 것을 잘 하지 못한다. ··( )( )

206. 내일의 계획이 이미 머릿속에 계획되어 있다. ··( )( )

207. 협동성이 있는 사람이 되고 싶다. ···( )( )

208. 동료보다 돋보이고 싶다. ···( )( )

209. 다른 사람 앞에서 이야기를 잘한다. ···( )( )

210. 실행력이 있는 편이다. ···( )( )

YES   NO

211. 계획을 세워야만 실천할 수 있다. ···(　)(　)

212. 누구라도 나에게 싫은 소리를 하는 것은 듣기 싫다. ··············(　)(　)

213. 생각으로 끝나는 일이 많다. ···(　)(　)

214. 피곤하더라도 웃으며 일하는 편이다. ··(　)(　)

215. 과중한 업무를 할당받으면 포기해버린다. ·····························(　)(　)

216. 상사가 지시한 일이 부당하면 업무를 하더라도 불만을 토로한다. ···(　)(　)

217. 또래에 비해 보수적이다. ···(　)(　)

218. 자신에게 손해인지 이익인지를 생각하여 결정할 때가 많다. ···(　)(　)

219. 전통적인 방식이 가장 좋은 방식이라고 생각한다. ·················(　)(　)

220. 때로는 친구들이 너무 많아 부담스럽다. ·····························(　)(　)

221. 상식적인 판단을 할 수 있는 타입이라고 생각한다. ·············(　)(　)

222. 너무 객관적이라는 평가를 받는다. ··(　)(　)

223. 안정적인 방법보다는 위험성이 높더라도 높은 이익을 추구한다. ···(　)(　)

224. 타인의 아이디어를 도용하여 내 아이디어처럼 꾸민 적이 있다. ···(　)(　)

225. 조직에서 돋보이기 위해 준비하는 것이 있다. ······················(　)(　)

226. 선물은 상대방에게 필요한 것을 사줘야 한다. ·······················(　)(　)

227. 나무보다 숲을 보는 것에 소질이 있다. ··································(　)(　)

228. 때때로 자신을 지나치게 비하하기도 한다. ·····························(　)(　)

229. 조직에서 있는 듯 없는 듯한 존재이다. ··································(　)(　)

230. 다른 일을 제쳐두고 한 가지 일에 몰두한 적이 있다. ··········(　)(　)

231. 가끔 다음 날 지장이 생길 만큼 술을 마신다. ······················(　)(　)

232. 같은 또래보다 개방적이다. ···(　)(　)

233. 사실 돈이면 안 될 것이 없다고 생각한다. ·····························(　)(　)

234. 능력이 없더라도 공평하고 공적인 상사를 만나고 싶다. ·······(　)(　)

235. 사람들이 자신을 비웃는다고 종종 여긴다. ·····························(　)(　)

236. 내가 먼저 적극적으로 사람들과 관계를 맺는다. ···················(　)(　)

237. 모임을 스스로 만들기보다 이끌려가는 것이 편하다. ············(　)(　)

238. 몸을 움직이는 것을 좋아하지 않는다. ································(   )(   )

239. 꾸준한 취미를 갖고 있다. ···(   )(   )

240. 때때로 나는 경솔한 편이라고 생각한다. ·························(   )(   )

241. 때로는 목표를 세우는 것이 무의미하다고 생각한다. ···········(   )(   )

242. 어떠한 일을 시작하는데 많은 시간이 걸린다. ··················(   )(   )

243. 초면인 사람과도 바로 친해질 수 있다. ·························(   )(   )

244. 일단 행동하고 나서 생각하는 편이다. ··························(   )(   )

245. 여러 가지 일 중에서 쉬운 일을 먼저 시작하는 편이다. ·······(   )(   )

246. 마무리를 짓지 못해 포기하는 경우가 많다. ··················(   )(   )

247. 여행은 계획 없이 떠나는 것을 좋아한다. ·····················(   )(   )

248. 욕심이 없는 편이라고 생각한다. ································(   )(   )

249. 성급한 결정으로 후회한 적이 있다. ····························(   )(   )

250. 많은 사람들과 왁자지껄하게 식사하는 것을 좋아한다. ·········(   )(   )

PART

04

면접

CHAPTER

01 면접의 기본

1 면접준비

(1) 면접의 기본 원칙

① **면접의 의미** … 면접이란 다양한 면접기법을 활용하여 지원한 직무에 필요한 능력을 지원자가 보유하고 있는지를 확인하는 절차라고 할 수 있다. 즉, 지원자의 입장에서는 채용 직무수행에 필요한 요건들과 관련하여 자신의 환경, 경험, 관심사, 성취 등에 대해 기업에 직접 어필할 수 있는 기회를 제공받는 것이며, 기업의 입장에서는 서류전형만으로 알 수 없는 지원자에 대한 정보를 직접적으로 수집하고 평가하는 것이다.

② **면접의 특징** … 면접은 기업의 입장에서 서류전형이나 필기전형에서 드러나지 않는 지원자의 능력이나 성향을 볼 수 있는 기회로, 면대면으로 이루어지며 즉흥적인 질문들이 포함될 수 있기 때문에 지원자가 완벽하게 준비하기 어려운 부분이 있다. 하지만 지원자 입장에서도 서류전형이나 필기전형에서 모두 보여주지 못한 자신의 능력 등을 기업의 인사담당자에게 어필할 수 있는 추가적인 기회가될 수도 있다.

[서류·필기전형과 차별화되는 면접의 특징]

- 직무수행과 관련된 다양한 지원자 행동에 대한 관찰이 가능하다.
- 면접관이 알고자 하는 정보를 심층적으로 파악할 수 있다.
- 서류상의 미비한 사항과 의심스러운 부분을 확인할 수 있다.
- 커뮤니케이션 능력, 대인관계 능력 등 행동·언어적 정보도 얻을 수 있다.

③ **면접의 유형**
  ㉠ **구조화 면접** : 구조화 면접은 사전에 계획을 세워 질문의 내용과 방법, 지원자의 답변 유형에 따른 추가 질문과 그에 대한 평가 역량이 정해져 있는 면접 방식으로 표준화 면접이라고도 한다.
    - 표준화된 질문이나 평가요소가 면접 전 확정되며, 지원자는 편성된 조나 면접관에 영향을 받지 않고 동일한 질문과 시간을 부여받을 수 있다.

- 조직 또는 직무별로 주요하게 도출된 역량을 기반으로 평가요소가 구성되어, 조직 또는 직무에서 필요한 역량을 가진 지원자를 선발할 수 있다.
- 표준화된 형식을 사용하는 특성 때문에 비구조화 면접에 비해 신뢰성과 타당성, 객관성이 높다.
ⓛ 비구조화 면접 : 비구조화 면접은 면접 계획을 세울 때 면접 목적만을 명시하고 내용이나 방법은 면접관에게 전적으로 일임하는 방식으로 비표준화 면접이라고도 한다.
- 표준화된 질문이나 평가요소 없이 면접이 진행되며, 편성된 조나 면접관에 따라 지원자에게 주어지는 질문이나 시간이 다르다.
- 면접관의 주관적인 판단에 따라 평가가 이루어져 평가 오류가 빈번히 일어난다.
- 상황 대처나 언변이 뛰어난 지원자에게 유리한 면접이 될 수 있다.

④ 경쟁력 있는 면접 요령
ⓞ 면접 전에 준비하고 유념할 사항
- 예상 질문과 답변을 미리 작성한다.
- 작성한 내용을 문장으로 외우지 않고 키워드로 기억한다.
- 지원한 회사의 최근 기사를 검색하여 기억한다.
- 지원한 회사가 속한 산업군의 최근 기사를 검색하여 기억한다.
- 면접 전 1주일간 이슈가 되는 뉴스를 기억하고 자신의 생각을 반영하여 정리한다.
- 찬반토론에 대비한 주제를 목록으로 정리하여 자신의 논리를 내세운 예상답변을 작성한다.
ⓛ 면접장에서 유념할 사항
- 질문의 의도 파악 : 답변을 할 때에는 질문 의도를 파악하고 그에 충실한 답변이 될 수 있도록 질문사항을 유념해야 한다. 많은 지원자가 하는 실수 중 하나로 답변을 하는 도중 자기 말에 심취되어 질문의 의도와 다른 답변을 하거나 자신이 알고 있는 지식만을 나열하는 경우가 있는데, 이럴 경우 의사소통능력이 부족한 사람으로 인식될 수 있으므로 주의하도록 한다.
- 답변은 두괄식 : 답변을 할 때에는 두괄식으로 결론을 먼저 말하고 그 이유를 설명하는 것이 좋다. 미괄식으로 답변을 할 경우 용두사미의 답변이 될 가능성이 높으며, 결론을 이끌어 내는 과정에서 논리성이 결여될 우려가 있다. 또한 면접관이 결론을 듣기 전에 말을 끊고 다른 질문을 추가하는 예상치 못한 상황이 발생될 수 있으므로 답변은 자신이 전달하고자 하는 바를 먼저 밝히고 그에 대한 설명을 하는 것이 좋다.

- 지원한 회사의 기업정신과 인재상을 기억 : 답변을 할 때에는 회사가 원하는 인재라는 인상을 심어주기 위해 지원한 회사의 기업정신과 인재상 등을 염두에 두고 답변을 하는 것이 좋다. 모든 회사에 해당되는 두루뭉술한 답변보다는 지원한 회사에 맞는 맞춤형 답변을 하는 것이 좋다.
- 나보다는 회사와 사회적 관점에서 답변 : 답변을 할 때에는 자기중심적인 관점을 피하고 좀 더 넓은 시각으로 회사와 국가, 사회적 입장까지 고려하는 인재임을 어필하는 것이 좋다. 자기중심적 시각을 바탕으로 자신의 출세만을 위해 회사에 입사하려는 인상을 심어줄 경우 면접에서 불이익을 받을 가능성이 높다.
- 난처한 질문은 정직한 답변 : 난처한 질문에 답변을 해야 할 때에는 피하기보다는 정면 돌파로 정직하고 솔직하게 답변하는 것이 좋다. 난처한 부분을 감추고 드러내지 않으려 회피하려는 지원자의 모습은 인사담당자에게 입사 후에도 비슷한 상황에 처했을 때 회피할 수도 있다는 우려를 심어줄 수 있다. 따라서 직장생활에 있어 중요한 덕목 중 하나인 정직을 바탕으로 솔직하게 답변을 하도록 한다.

(2) 면접의 종류 및 준비 전략

① 인성면접

  ㉠ 면접 방식 및 판단기준
   - 면접 방식 : 인성면접은 면접관이 가지고 있는 개인적 면접 노하우나 관심사에 의해 질문을 실시한다. 주로 입사지원서나 자기소개서의 내용을 토대로 지원동기, 과거의 경험, 미래 포부 등을 이야기하도록 하는 방식이다.
   - 판단기준 : 면접관의 개인적 가치관과 경험, 해당 역량의 수준, 경험의 구체성·진실성 등
  ㉡ 특징 : 인성면접은 그 방식으로 인해 역량과 무관한 질문들이 많고 지원자에게 주어지는 면접질문, 시간 등이 다를 수 있다. 또한 입사지원서나 자기소개서의 내용을 토대로 하기 때문에 지원자별 질문이 달라질 수 있다.

ⓒ 예시 문항 및 준비전략

• 예시 문항

> • 3분 동안 자기소개를 해 보십시오.
> • 자신의 장점과 단점을 말해 보십시오.
> • 학점이 좋지 않은데 그 이유가 무엇입니까?
> • 최근에 인상 깊게 읽은 책은 무엇입니까?
> • 회사를 선택할 때 중요시하는 것은 무엇입니까?
> • 일과 개인생활 중 어느 쪽을 중시합니까?
> • 10년 후 자신은 어떤 모습일 것이라고 생각합니까?
> • 휴학 기간 동안에는 무엇을 했습니까?

• 준비전략 : 인성면접은 입사지원서나 자기소개서의 내용을 바탕으로 하는 경우가 많으므로 자신이 작성한 입사지원서와 자기소개서의 내용을 충분히 숙지하도록 한다. 또한 최근 사회적으로 이슈가 되고 있는 뉴스에 대한 견해를 묻거나 시사상식 등에 대한 질문을 받을 수 있으므로 이에 대한 대비도 필요하다. 자칫 부담스러워 보이지 않는 질문으로 가볍게 대답하지 않도록 주의하고 모든 질문에 입사 의지를 담아 성실하게 답변하는 것이 중요하다.

② 발표면접

㉠ 면접 방식 및 판단기준

• 면접 방식 : 지원자가 특정 주제와 관련된 자료를 검토하고 그에 대한 자신의 생각을 면접관 앞에서 주어진 시간 동안 발표하고 추가 질의를 받는 방식으로 진행된다.

• 판단기준 : 지원자의 사고력, 논리력, 문제해결력 등

㉡ 특징 : 발표면접은 지원자에게 과제를 부여한 후, 과제를 수행하는 과정과 결과를 관찰·평가한다. 따라서 과제수행 결과뿐 아니라 수행과정에서의 행동을 모두 평가할 수 있다.

ⓒ 예시 문항 및 준비전략

• 예시 문항

[신입사원 조기 이직 문제]

※ 지원자는 아래에 제시된 자료를 검토한 뒤, 신입사원 조기 이직의 원인을 크게 3가지로 정리하고 이에 대한 구체적인 개선안을 도출하여 발표해 주시기 바랍니다.

※ 본 과제에 정해진 정답은 없으나 논리적 근거를 들어 개선안을 작성해 주십시오.

• A기업은 동종업계 유사기업들과 비교해 볼 때, 비교적 높은 재무안정성을 유지하고 있으며 업무강도가 그리 높지 않은 것으로 외부에 알려져 있음.

• 최근 조사결과, 동종업계 유사기업들과 연봉을 비교해 보았을 때 연봉 수준도 그리 나쁘지 않은 편이라는 것이 확인되었음.

• 그러나 지난 3년간 1~2년차 직원들의 이직률이 계속해서 증가하고 있는 추세이며, 경영진 회의에서 최우선 해결과제 중 하나로 거론되었음.

• 이에 따라 인사팀에서 현재 1~2년차 사원들을 대상으로 개선되어야 하는 A기업의 조직문화에 대한 설문조사를 실시한 결과, '상명하복식의 의사소통'이 36.7%로 1위를 차지했음.

• 이러한 설문조사와 함께, 신입사원 조기 이직에 대한 원인을 분석한 결과 파랑새 증후군, 셀프홀릭 증후군, 피터팬 증후군 등 3가지로 분류할 수 있었음.

〈동종업계 유사기업들과의 연봉 비교〉　〈우리 회사 조직문화 중 개선되었으면 하는 것〉

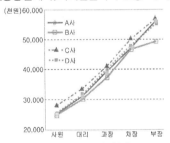 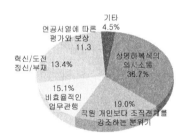

〈신입사원 조기 이직의 원인〉

• 파랑새 증후군
– 현재의 직장보다 더 좋은 직장이 있을 것이라는 막연한 기대감으로 끊임없이 새로운 직장을 탐색함.
– 학력 수준과 맞지 않는 '하향지원', 전공과 적성을 고려하지 않고 일단 취업하고 보자는 '묻지마 지원'이 파랑새 증후군을 초래함.

• 셀프홀릭 증후군
– 본인의 역량에 비해 가치가 낮은 일을 주로 하면서 갈등을 느낌.

• 피터팬 증후군
– 기성세대의 문화를 무조건 수용하기보다는 자유로움과 변화를 추구함.
– 상명하복, 엄격한 규율 등 기성세대가 당연시하는 관행에 거부감을 가지며 직장에 답답함을 느낌.

- 준비전략 : 발표면접의 시작은 과제 안내문과 과제 상황, 과제 자료 등을 정확하게 이해하는 것에서 출발한다. 과제 안내문을 침착하게 읽고 제시된 주제 및 문제와 관련된 상황의 맥락을 파악한 후 과제를 검토한다. 제시된 기사나 그래프 등을 충분히 활용하여 주어진 문제를 해결할 수 있는 해결책이나 대안을 제시하며, 발표를 할 때에는 명확하고 자신 있는 태도로 전달할 수 있도록 한다.

③ 토론면접

㉠ 면접 방식 및 판단기준

- 면접 방식 : 상호갈등적 요소를 가진 과제 또는 공통의 과제를 해결하는 내용의 토론 과제를 제시하고, 그 과정에서 개인 간의 상호작용 행동을 관찰하는 방식으로 면접이 진행된다.
- 판단기준 : 팀워크, 적극성, 갈등 조정, 의사소통능력, 문제해결능력 등

㉡ 특징 : 토론을 통해 도출해 낸 최종안의 타당성도 중요하지만, 결론을 도출해 내는 과정에서의 의사소통능력이나 갈등상황에서 의견을 조정하는 능력 등이 중요하게 평가되는 특징이 있다.

㉢ 예시 문항 및 준비전략

- 예시 문항

> - 담뱃값 인상에 대한 찬반토론
> - 비정규직 철폐에 대한 찬반토론
> - 대학의 영어 강의 확대 찬반토론

- 준비전략 : 토론면접은 무엇보다 팀워크와 적극성이 강조된다. 따라서 토론과정에 적극적으로 참여하며 자신의 의사를 분명하게 전달하며, 갈등상황에서 자신의 의견만 내세울 것이 아니라 다른 지원자의 의견을 경청하고 배려하는 모습도 중요하다. 갈등상황을 일목요연하게 정리하여 조정하는 등의 의사소통능력을 발휘하는 것도 좋은 전략이 될 수 있다.

④ 상황면접

㉠ 면접 방식 및 판단기준

- 면접 방식 : 상황면접은 직무 수행 시 접할 수 있는 상황들을 제시하고, 그러한 상황에서 어떻게 행동할 것인지를 이야기하는 방식으로 진행된다.
- 판단기준 : 해당 상황에 적절한 역량의 구현과 구체적 행동지표

ⓛ 특징 : 실제 직무 수행 시 접할 수 있는 상황들을 제시하므로 입사 이후 지원자의 업무수행능력을 평가하는 데 적절한 면접 방식이다. 또한 지원자의 가치관, 태도, 사고방식 등의 요소를 통합적으로 평가하는 데 용이하다.

ⓒ 예시 문항 및 준비전략

• 예시 문항

> 당신은 생산관리팀의 팀원으로, 생산팀이 기한에 맞춰 효율적으로 제품을 생산할 수 있도록 관리하는 역할을 맡고 있습니다. 3개월 뒤에 제품A를 정상적으로 출시하기 위해 생산팀의 생산 계획을 수립한 상황입니다. 그러나 원가가 곧 실적으로 이어지는 구매팀에서는 최대한 원가를 줄여 전반적 단가를 낮추려고 원가절감을 위한 제안을 하였으나, 연구개발팀에서는 구매팀이 제안한 방식으로 제품을 생산할 경우 대부분이 구매팀의 실적으로 산정될 것이므로 제대로 확인도 해보지 않은 채 적합하지 않은 방식이라고 판단하고 있습니다. 당신은 어떻게 하겠습니까?

• 준비전략 : 상황면접은 먼저 주어진 상황에서 핵심이 되는 문제가 무엇인지를 파악하는 것에서 시작한다. 주질문과 세부질문을 통하여 질문의 의도를 파악하였다면, 그에 대한 구체적인 행동이나 생각 등에 대해 응답할수록 높은 점수를 얻을 수 있다.

⑤ 역할면접

㉠ 면접 방식 및 판단기준

• 면접 방식 : 역할면접 또는 역할연기 면접은 기업 내 발생 가능한 상황에서 부딪히게 되는 문제와 역할을 가상적으로 설정하여 특정 역할을 맡은 사람과 상호작용하고 문제를 해결해 나가도록 하는 방식으로 진행된다. 역할연기 면접에서는 면접관이 직접 역할연기를 하면서 지원자를 관찰하기도 하지만, 역할연기 수행만 전문적으로 하는 사람을 투입할 수도 있다.

• 판단기준 : 대처능력, 대인관계능력, 의사소통능력 등

ⓛ 특징 : 역할면접은 실제 상황과 유사한 가상 상황에서의 행동을 관찰함으로서 지원자의 성격이나 대처 행동 등을 관찰할 수 있다.

ⓒ 예시 문항 및 준비전략

• 예시 문항

> [금융권 역할면접의 예]
> 당신은 ○○은행의 신입 텔러이다. 사람이 많은 월말 오전 한 할아버지(면접관 또는 역할담당자)께서 ○○은행을 사칭한 보이스피싱으로 500만 원을 피해 보았다며 소란을 일으키고 있다. 실제 업무상황이라고 생각하고 상황에 대처해 보시오.

• 준비전략 : 역할연기 면접에서 측정하는 역량은 주로 갈등의 원인이 되는 문제를 해결 하고 제시된 해결방안을 상대방에게 설득하는 것이다. 따라서 갈등해결, 문제해결, 조정·통합, 설득력과 같은 역량이 중요시된다. 또한 갈등을 해결하기 위해서 상대방에 대한 이해도 필수적인 요소이므로 고객지향을 염두에 두고 상황에 맞게 대처해야 한다.

역할면접에서는 변별력을 높이기 위해 면접관이 압박적인 분위기를 조성하는 경우가 많기 때문에 스트레스 상황에서 불안해하지 않고 유연하게 대처할 수 있도록 시간과 노력을 들여 충분히 연습하는 것이 좋다.

2 면접 이미지 메이킹

(1) 성공적인 이미지 메이킹 포인트

① 복장 및 스타일

ㄱ 남성

• 양복 : 양복은 단색으로 하며 넥타이나 셔츠로 포인트를 주는 것이 효과적이다. 짙은 회색이나 감청색이 가장 단정하고 품위 있는 인상을 준다.
• 셔츠 : 흰색이 가장 선호되나 자신의 피부색에 맞추는 것이 좋다. 푸른색이나 베이지색은 산뜻한 느낌을 줄 수 있다. 양복과의 배색도 고려하도록 한다.
• 넥타이 : 의상에 포인트를 줄 수 있는 아이템이지만 너무 화려한 것은 피한다. 지원자의 피부색은 물론, 정장과 셔츠의 색을 고려하며, 체격에 따라 넥타이 폭을 조절하는 것이 좋다.
• 구두 & 양말 : 구두는 검정색이나 짙은 갈색이 어느 양복에나 무난하게 어울리며 깔끔하게 닦아 준비한다. 양말은 정장과 동일한 색상이나 검정색을 착용한다.
• 헤어스타일 : 머리스타일은 단정한 느낌을 주는 짧은 헤어스타일이 좋으며 앞머리가 있다면 이마나 눈썹을 가리지 않는 선에서 정리하는 것이 좋다.

   ○ 여성

- 의상 : 단정한 스커트 투피스 정장이나 슬랙스 슈트가 무난하다. 블랙이나 그레이, 네이비, 브라운 등 차분해 보이는 색상을 선택하는 것이 좋다.
- 소품 : 구두, 핸드백 등은 같은 계열로 코디하는 것이 좋으며 구두는 너무 화려한 디자인이나 굽이 높은 것을 피한다. 스타킹은 의상과 구두에 맞춰 단정한 것으로 선택한다.
- 액세서리 : 액세서리는 너무 크거나 화려한 것은 좋지 않으며 과하게 많이 하는 것도 좋은 인상을 주지 못한다. 착용하지 않거나 작고 깔끔한 디자인으로 포인트를 주는 정도가 적당하다.
- 메이크업 : 화장은 자연스럽고 밝은 이미지를 표현하는 것이 좋으며 진한 색조는 인상이 강해 보일 수 있으므로 피한다.
- 헤어스타일 : 커트나 단발처럼 짧은 머리는 활동적이면서도 단정한 이미지를 줄 수 있도록 정리한다. 긴 머리의 경우 하나로 묶거나 단정한 머리망으로 정리하는 것이 좋으며, 짙은 염색이나 화려한 웨이브는 피한다.

② 인사

  ○ 인사의 의미 : 인사는 예의범절의 기본이며 상대방의 마음을 여는 기본적인 행동이라고 할 수 있다. 인사는 처음 만나는 면접관에게 호감을 살 수 있는 가장 쉬운 방법이 될 수 있기도 하지만 제대로 예의를 지키지 않으면 지원자의 인성 전반에 대한 평가로 이어질 수 있으므로 각별히 주의해야 한다.

  ○ 인사의 핵심 포인트

- 인사말 : 인사말을 할 때에는 밝고 친근감 있는 목소리로 하며, 자신의 이름과 수험번호 등을 간략하게 소개한다.
- 시선 : 인사는 상대방의 눈을 보며 하는 것이 중요하며 너무 빤히 쳐다본다는 느낌이 들지 않도록 주의한다.
- 표정 : 인사는 마음에서 우러나오는 존경이나 반가움을 표현하고 예의를 차리는 것이므로 살짝 미소를 지으며 하는 것이 좋다.
- 자세 : 인사를 할 때에는 가볍게 목만 숙인다거나 흐트러진 상태에서 인사를 하지 않도록 주의하며 절도 있고 확실하게 하는 것이 좋다.

③ 시선처리와 표정, 목소리

　㉠ 시선처리와 표정 : 표정은 면접에서 지원자의 첫인상을 결정하는 중요한 요소이다. 얼굴표정은 사람의 감정을 가장 잘 표현할 수 있는 의사소통 도구로 표정 하나로 상대방에게 호감을 주거나, 비호감을 사기도 한다. 호감이 가는 인상의 특징은 부드러운 눈썹, 자연스러운 미간, 적당히 볼록한 광대, 올라간 입 꼬리 등으로 가볍게 미소를 지을 때의 표정과 일치한다. 따라서 면접 중에는 밝은 표정으로 미소를 지어 호감을 형성할 수 있도록 한다. 시선은 면접관과 고르게 맞추되 생기 있는 눈빛을 띄도록 하며, 너무 빤히 쳐다본다는 인상을 주지 않도록 한다.

　㉡ 목소리 : 면접은 주로 면접관과 지원자의 대화로 이루어지므로 목소리가 미치는 영향이 상당하다. 답변을 할 때에는 부드러우면서도 활기차고 생동감 있는 목소리로 하는 것이 면접관에게 호감을 줄 수 있으며 적당한 제스처가 더해진다면 상승효과를 얻을 수 있다. 그러나 적절한 답변을 하였음에도 불구하고 콧소리나 날카로운 목소리, 자신감 없는 작은 목소리는 답변의 신뢰성을 떨어뜨릴 수 있으므로 주의하도록 한다.

④ 자세

　㉠ 걷는 자세
　　• 면접장에 입실할 때에는 상체를 곧게 유지하고 발끝은 평행이 되게 하며 무릎을 스치듯 11자로 걷는다.
　　• 시선은 정면을 향하고 턱은 가볍게 당기며 어깨나 엉덩이가 흔들리지 않도록 주의한다.
　　• 발바닥 전체가 닿는 느낌으로 안정감 있게 걸으며 발소리가 나지 않도록 주의한다.
　　• 보폭은 어깨넓이만큼이 적당하지만, 스커트를 착용했을 경우 보폭을 줄인다.
　　• 걸을 때도 미소를 유지한다.

　㉡ 서있는 자세
　　• 몸 전체를 곧게 펴고 가슴을 자연스럽게 내민 후 등과 어깨에 힘을 주지 않는다.
　　• 정면을 바라본 상태에서 턱을 약간 당기고 아랫배에 힘을 주어 당기며 바르게 선다.
　　• 양 무릎과 발뒤꿈치는 붙이고 발끝은 11자 또는 V형을 취한다.
　　• 남성의 경우 팔을 자연스럽게 내리고 양손을 가볍게 쥐어 바지 옆선에 붙이고, 여성의 경우 공수자세를 유지한다.

© 앉은 자세

• 남성

- 의자 깊숙이 앉고 등받이와 등 사이에 주먹 1개 정도의 간격을 두며 기대듯 앉지 않도록 주의한다. (남녀 공통 사항)
- 무릎 사이에 주먹 2개 정도의 간격을 유지하고 발끝은 11자를 취한다.
- 시선은 정면을 바라보며 턱은 가볍게 당기고 미소를 짓는다. (남녀 공통 사항)
- 양손은 가볍게 주먹을 쥐고 무릎 위에 올려놓는다.
- 앉고 일어날 때에는 자세가 흐트러지지 않도록 주의한다. (남녀 공통 사항)

• 여성

- 스커트를 입었을 경우 왼손으로 뒤쪽 스커트 자락을 누르고 오른손으로 앞쪽 자락을 누르며 의자에 앉는다.
- 무릎은 붙이고 발끝을 가지런히 한다.
- 양손을 모아 무릎 위에 모아 놓으며 스커트를 입었을 경우 스커트 위를 가볍게 누르듯이 올려놓는다.

(2) 면접 예절

① 행동 관련 예절

㉠ **지각은 절대금물** : 시간을 지키는 것은 예절의 기본이다. 지각을 할 경우 면접에 응시할 수 없거나, 면접 기회가 주어지더라도 불이익을 받을 가능성이 높아진다. 따라서 면접장소가 결정되면 교통편과 소요시간을 확인하고 가능하다면 사전에 미리 방문해 보는 것도 좋다. 면접 당일에는 서둘러 출발하여 면접 시간 20~30분 전에 도착하여 회사를 둘러보고 환경에 익숙해지는 것도 성공적인 면접을 위한 요령이 될 수 있다.

㉡ **면접 대기 시간** : 지원자들은 대부분 면접장에서의 행동과 답변 등으로만 평가를 받는다고 생각하지만 그렇지 않다. 면접관이 아닌 면접진행자 역시 대부분 인사실무자이며 면접관이 면접 후 지원자에 대한 평가에 있어 확신을 위해 면접진행자의 의견을 구한다면 면접진행자의 의견이 당락에 영향을 줄 수 있다. 따라서 면접 대기 시간에도 행동과 말을 조심해야 하며, 면접을 마치고 돌아가는 순간까지도 긴장을 늦춰서는 안 된다. 면접 중 압박적인 질문에 답변을 잘 했지만, 면접장을 나와 흐트러진 모습을 보이거나 욕설을 한다면 면접 탈락의 요인이 될 수 있으므로 주의해야 한다.

ⓒ 입실 후 태도 : 본인의 차례가 되어 호명되면 또렷하게 대답하고 들어간다. 만약 면접장 문이 닫혀 있다면 상대에게 소리가 들릴 수 있을 정도로 노크를 두세 번 한 후 대답을 듣고 나서 들어가야 한다. 문을 여닫을 때에는 소리가 나지 않게 조용히 하며 공손한 자세로 인사한 후 성명과 수험번호를 말하고 면접관의 지시에 따라 자리에 앉는다. 이 경우 착석하라는 말이 없는데 먼저 의자에 앉으면 무례한 사람으로 보일 수 있으므로 주의한다. 의자에 앉을 때에는 끝에 앉지 말고 무릎 위에 양손을 가지런히 얹는 것이 예절이라고 할 수 있다.

ⓔ 옷매무새를 자주 고치지 마라. : 일부 지원자의 경우 옷매무새 또는 헤어스타일을 자주 고치거나 확인하기도 하는데 이러한 모습은 과도하게 긴장한 것 같아 보이거나 면접에 집중하지 못하는 것으로 보일 수 있다. 남성 지원자의 경우 넥타이를 자꾸 고쳐 맨다거나 정장 상의 끝을 너무 자주 만지작거리지 않는다. 여성 지원자는 머리를 계속 쓸어 올리지 않고, 특히 짧은 치마를 입고서 신경이 쓰여 치마를 끌어 내리는 행동은 좋지 않다.

ⓜ 다리를 떨거나 산만한 시선은 면접 탈락의 지름길 : 자신도 모르게 다리를 떨거나 손가락을 만지는 등의 행동을 하는 지원자가 있는데, 이는 면접관의 주의를 끌 뿐만 아니라 불안하고 산만한 사람이라는 느낌을 주게 된다. 따라서 가능한 한 바른 자세로 앉아 있는 것이 좋다. 또한 면접관과 시선을 맞추지 못하고 여기저기 둘러보는 듯한 산만한 시선은 지원자가 거짓말을 하고 있다고 여겨지거나 신뢰할 수 없는 사람이라고 생각될 수 있다.

② 답변 관련 예절

ⓐ 면접관이나 다른 지원자와 가치 논쟁을 하지 않는다. : 질문을 받고 답변하는 과정에서 면접관 또는 다른 지원자의 의견과 다른 의견이 있을 수 있다. 특히 평소 지원자가 관심이 많은 문제이거나 잘 알고 있는 문제인 경우 자신과 다른 의견에 대해 이의가 있을 수 있다. 하지만 주의할 것은 면접에서 면접관이나 다른 지원자와 가치 논쟁을 할 필요는 없다는 것이며 오히려 불이익을 당할 수도 있다. 정답이 정해져 있지 않은 경우에는 가치관이나 성장배경에 따라 문제를 받아들이는 태도에서 답변까지 충분히 차이가 있을 수 있으므로 굳이 면접관이나 다른 지원자의 가치관을 지적하고 고치려 드는 것은 좋지 않다.

ⓒ 답변은 항상 정직해야 한다. : 면접이라는 것이 아무리 지원자의 장점을 부각시키고 단점을 축소시키는 것이라고 해도 절대로 거짓말을 해서는 안 된다. 거짓말을 하게 되면 지원자는 불안하거나 꺼림칙한 마음이 들게 되어 면접에 집중을 하지 못하게 되고 수많은 지원자를 상대하는 면접관은 그것을 놓치지 않는다. 거짓말은 그 지원자에 대한 신뢰성을 떨어뜨리며 이로 인해 다른 스펙이 아무리 훌륭하다고 해도 채용에서 탈락하게 될 수 있음을 명심하도록 한다.

ⓒ 경력직을 경우 전 직장에 대해 험담하지 않는다. : 지원자가 전 직장에서 무슨 업무를 담당했고 어떤 성과를 올렸는지는 면접관이 관심을 둘 사항일 수 있지만, 이전 직장의 기업문화나 상사들이 어땠는지는 그다지 궁금해 하는 사항이 아니다. 전 직장에 대해 험담을 늘어놓는다든가, 동료와 상사에 대한 악담을 하게 된다면 오히려 지원자에 대한 부정적인 이미지만 심어줄 수 있다. 만약 전 직장에 대한 말을 해야 할 경우가 생긴다면 가능한 한 객관적으로 이야기하는 것이 좋다.

ⓔ 자기 자신이나 배경에 대해 자랑하지 않는다. : 자신의 성취나 부모 형제 등 집안사람들이 사회 · 경제적으로 어떠한 위치에 있는지에 대한 자랑은 면접관으로 하여금 지원자에 대해 오만한 사람이거나 배경에 의존하려는 나약한 사람이라는 이미지를 갖게 할 수 있다. 따라서 자기 자신이나 배경에 대해 자랑하지 않도록 하고, 자신이 한 일에 대해서 너무 자세하게 얘기하지 않도록 주의해야 한다.

3 면접 질문 및 답변 포인트

(1) 가족 및 대인관계에 관한 질문

① 당신의 가정은 어떤 가정입니까?

면접관들은 지원자의 가정환경과 성장과정을 통해 지원자의 성향을 알고 싶어 이와 같은 질문을 한다. 비록 가정 일과 사회의 일이 완전히 일치하는 것은 아니지만 '가화만사성'이라는 말이 있듯이 가정이 화목해야 사회에서도 화목하게 지낼 수 있기 때문이다. 그러므로 답변 시에는 가족사항을 정확하게 설명하고 집안의 분위기와 특징에 대해 이야기하는 것이 좋다.

② 친구 관계에 대해 말해 보십시오.

지원자의 인간성을 판단하는 질문으로 교우관계를 통해 답변자의 성격과 대인관계능력을 파악할 수 있다. 새로운 환경에 적응을 잘하여 새로운 친구들이 많은 것도 좋지만, 깊고 오래 지속되어온 인간관계를 말하는 것이 더욱 바람직하다.

(2) 성격 및 가치관에 관한 질문

① 당신의 PR포인트를 말해 주십시오.

PR포인트를 말할 때에는 지나치게 겸손한 태도는 좋지 않으며 적극적으로 자기를 주장하는 것이 좋다. 앞으로 입사 후 하게 될 업무와 관련된 자기의 특성을 구체적인 일화를 더하여 이야기하도록 한다.

② 당신의 장·단점을 말해 보십시오.

지원자의 구체적인 장·단점을 알고자 하기 보다는 지원자가 자기 자신에 대해 얼마나 알고 있으며 어느 정도의 객관적인 분석을 하고 있나, 그리고 개선의 노력 등을 시도하는지를 파악하고자 하는 것이다. 따라서 장점을 말할 때는 업무와 관련된 장점을 뒷받침할 수 있는 근거와 함께 제시하며, 단점을 이야기할 때에는 극복을 위한 노력을 반드시 포함해야 한다.

③ 가장 존경하는 사람은 누구입니까?

존경하는 사람을 말하기 위해서는 우선 그 인물에 대해 알아야 한다. 잘 모르는 인물에 대해 존경한다고 말하는 것은 면접관에게 바로 지적당할 수 있으므로, 추상적이라도 좋으니 평소에 존경스럽다고 생각했던 사람에 대해 그 사람의 어떤 점이 좋고 존경스러운지 대답하도록 한다. 또한 자신에게 어떤 영향을 미쳤는지도 언급하면 좋다.

(3) 학교생활에 관한 질문

① 지금까지의 학교생활 중 가장 기억에 남는 일은 무엇입니까?

가급적 직장생활에 도움이 되는 경험을 이야기하는 것이 좋다. 또한 경험만을 간단하게 말하지 말고 그 경험을 통해서 얻을 수 있었던 교훈 등을 예시와 함께 이야기하는 것이 좋으나 너무 상투적인 답변이 되지 않도록 주의해야 한다.

② 성적은 좋은 편이었습니까?

면접관은 이미 서류심사를 통해 지원자의 성적을 알고 있다. 그럼에도 불구하고 이 질문을 하는 것은 지원자가 성적에 대해서 어떻게 인식하느냐를 알고자 하는 것이다. 성적이 나빴던 이유에 대해서 변명하려 하지 말고 담백하게 받아드리고 그것에 대한 개선노력을 했음을 밝히는 것이 적절하다.

(4) 지원동기 및 직업의식에 관한 질문

① 왜 우리 회사를 지원했습니까?

이 질문은 어느 회사나 가장 먼저 물어보고 싶은 것으로 지원자들은 기업의 이념, 대표의 경영능력, 재무구조, 복리후생 등 외적인 부분을 설명하는 경우가 많다. 이러한 답변도 적절하지만 지원 회사의 주력 상품에 관한 소비자의 인지도, 경쟁사 제품과의 시장점유율을 비교하면서 입사동기를 설명한다면 상당히 주목 받을 수 있을 것이다.

② 만약 이번 채용에 불합격하면 어떻게 하겠습니까?

불합격할 것을 가정하고 회사에 응시하는 지원자는 거의 없을 것이다. 이는 지원자를 궁지로 몰아넣고 어떻게 대응하는지를 살펴보며 입사 의지를 알아보려고 하는 것이다. 이 질문은 너무 깊이 들어가지 말고 침착하게 답변하는 것이 좋다.

③ 당신이 생각하는 바람직한 사원상은 무엇입니까?

직장인으로서 또는 조직의 일원으로서의 자세를 묻는 질문으로 지원하는 회사에서 어떤 인재상을 요구하는 가를 알아두는 것이 좋으며, 평소에 자신의 생각을 미리 정리해 두어 당황하지 않도록 한다.

④ 직무상의 적성과 보수의 많음 중 어느 것을 택하겠습니까?

이런 질문에서 회사 측에서 원하는 답변은 당연히 직무상의 적성에 비중을 둔다는 것이다. 그러나 적성만을 너무 강조하다 보면 오히려 솔직하지 못하다는 인상을 줄 수 있으므로 어느 한 쪽을 너무 강조하거나 경시하는 태도는 바람직하지 못하다.

⑤ 상사와 의견이 다를 때 어떻게 하겠습니까?

과거와 다르게 최근에는 상사의 명령에 무조건 따르겠다는 수동적인 자세는 바람직하지 않다. 회사에서는 때에 따라 자신이 판단하고 행동할 수 있는 직원을 원하기 때문이다. 그러나 지나치게 자신의 의견만을 고집한다면 이는 팀원 간의 불화를 야기할 수 있으며 팀 체제에 악영향을 미칠 수 있으므로 선호하지 않는다는 것에 유념하여 답해야 한다.

⑥ 근무지가 지방인데 근무가 가능합니까?

근무지가 지방 중에서도 특정 지역은 되고 다른 지역은 안 된다는 답변은 바람직하지 않다. 직장에서는 순환 근무라는 것이 있으므로 처음에 지방에서 근무를 시작했다고 해서 계속 지방에만 있는 것은 아님을 유의하고 답변하도록 한다.

(5) 여가 활용에 관한 질문

① 취미가 무엇입니까?

기초적인 질문이지만 특별한 취미가 없는 지원자의 경우 대답이 애매할 수밖에 없다. 그래서 가장 많이 대답하게 되는 것이 독서, 영화감상, 혹은 음악감상 등과 같은 흔한 취미를 말하게 되는데 이런 취미는 면접관의 주의를 끌기 어려우며 설사 정말 위와 같은 취미를 가지고 있다하더라도 제대로 답변하기는 힘든 것이 사실이다. 가능하면 독특한 취미를 말하는 것이 좋으며 이제 막 시작한 것이라도 열의를 가지고 있음을 설명할 수 있으면 그것을 취미로 답변하는 것도 좋다.

(6) 지원자를 당황하게 하는 질문

① 성적이 좋지 않은데 이 정도의 성적으로 우리 회사에 입사할 수 있다고 생각합니까?

비록 자신의 성적이 좋지 않더라도 이미 서류심사에 통과하여 면접에 참여하였다면 기업에서는 지원자의 성적보다 성적 이외의 요소, 즉 성격·열정 등을 높이 평가했다는 것이라고 할 수 있다. 그러나 이런 질문을 받게 되면 지원자는 당황할 수 있으나 주눅 들지 말고 침착하게 대처하는 면모를 보인다면 더 좋은 인상을 남길 수 있다.

② 우리 회사 회장님 함자를 알고 있습니까?

회장이나 사장의 이름을 조사하는 것은 면접일을 통고받았을 때 이미 사전 조사되었어야 하는 사항이다. 단답형으로 이름만 말하기보다는 그 기업에 입사를 희망하는 지원자의 입장에서 답변하는 것이 좋다.

③ 당신은 이 회사에 적합하지 않은 것 같군요.

이 질문은 지원자의 입장에서 상당히 곤혹스러울 수밖에 없다. 질문을 듣는 순간 그렇다면 면접은 왜 참가시킨 것인가 하는 생각이 들 수도 있다. 하지만 당황하거나 흥분하지 말고 침착하게 자신의 어떤 면이 회사에 적당하지 않는지 겸손하게 물어보고 지적당한 부분에 대해서 고치겠다는 의지를 보인다면 오히려 자신의 능력을 어필할 수 있는 기회로 사용할 수도 있다.

④ 다시 공부할 계획이 있습니까?

이 질문은 지원자가 합격하여 직장을 다니다가 공부를 더 하기 위해 회사를 그만 두거나 학습에 더 관심을 두어 일에 대한 능률이 저하될 것을 우려하여 묻는 것이다. 이때에는 당연히 학습보다는 일을 강조해야 하며, 업무 수행에 필요한 학습이라면 업무에 지장이 없는 범위에서 야간학교를 다니거나 회사에서 제공하는 연수 프로그램 등을 활용하겠다고 답변하는 것이 적당하다.

⑤ 지원한 분야가 전공한 분야와 다른데 여기 일을 할 수 있겠습니까?

수험생의 입장에서 본다면 지원한 분야와 전공이 다르지만 서류전형과 필기전형에 합격하여 면접을 보게 된 경우라고 할 수 있다. 이는 결국 해당 회사의 채용 방침상 전공에 크게 영향을 받지 않는다는 것이므로 무엇보다 자신이 전공하지는 않았지만 어떤 업무도 적극적으로 임할 수 있다는 자신감과 능동적인 자세를 보여주도록 노력하는 것이 좋다.

CHAPTER 02

면접기출

1 우체국금융개발원 면접기출

(1) 인성관련

① 간단하게 자기소개를 해 보시오.

② 지원동기와 본 개발원에 입사하기 위해 어떤 노력을 했는지 말해 보시오.

③ 자신만의 스트레스 해소 방법이 있다면 말해 보시오.

④ 성격의 장단점에 대해 말해 보시오.

⑤ 열정적으로 무언가를 해본 경험이 있다면 말해 보시오.

⑥ 살면서 가장 뿌듯했던 일은 무엇인가?

⑦ 입사 후 포부가 있다면 말해 보시오.

⑧ 최근에 읽은 책이 있다면 소개해 보시오.

⑨ 평소 자신만의 소신이나 철학이 있다면 말해 보시오.

⑩ 마지막으로 하고 싶은 말이 있다면 무엇인가?

(2) 업무 및 시사 관련

① 지원한 분야가 어떤 업무를 담당하는지 알고 있는가?

② 고객 응대 시 가장 중요한 것은 무엇이라고 생각하는가?

③ 강압적인 사수와 방치하는 사수 둘뿐이라면 어떤 사수를 원하는가?

④ 본 개발원에 대해 궁금한 점이 있다면 말해 보시오.

⑤ 고객에게 금융상품을 판매할 때 상품의 단점에 대해 설명할 것인가? (한다면/안 한다면) 그 이유는 무엇인가니까?

⑥ 업무가 입사 전 생각했던 것과 다르면 어떻게 할 것인가?

⑦ 자신이 본 개발원장이라고 생각하고 어떤 기관인지 소개해 보시오.

⑧ 입사 1년 후 포상을 받게 된다면 어떤 이유로 받게 될 것 같은지 말해 보시오.

⑨ 최저임금 인상에 대한 자신의 견해를 밝히시오. (토론면접)

⑩ 보험상품에 대해 알고 있는 것이 있다면 말해 보시오.

2 공기업 면접기출

① 상사가 부정한 일로 자신의 이득을 취하고 있다. 이를 인지하게 되었을 때 자신이라면 어떻게 행동할 것인가?

② 본인이 했던 일 중 가장 창의적이었다고 생각하는 경험에 대해 말해보시오.

③ 직장 생활 중 적성에 맞지 않는다고 느낀다면 다른 일을 찾을 것인가? 아니면 참고 견뎌내겠는가?

④ 자신만의 특별한 취미가 있는가? 그것을 업무에서 활용할 수 있다고 생각하는가?

⑤ 면접을 보러 가는 길인데 신호등이 빨간불이다. 시간이 매우 촉박한 상황인데, 무단횡단을 할 것인가?

⑥ 원하는 직무에 배치 받지 못할 경우 어떻게 행동할 것인가?

⑦ 상사와 종교 · 정치에 대한 대화를 하던 중 본인의 생각과 크게 다른 경우 어떻게 하겠는가?

⑧ 타인과 차별화 될 수 있는 자신만의 장점 및 역량은 무엇인가?

⑨ 자격증을 한 번에 몰아서 취득했는데 힘들지 않았는가?

⑩ 오늘 경제신문 첫 면의 기사에 대해 브리핑 해보시오.

⑪ 타인과 차별화 될 수 있는 자신만의 장점 및 역량은 무엇인가?

⑫ 외국인 노동자와 비정규직에 대한 자신의 의견을 말해보시오.

⑬ 공사 진행과 관련하여 민원인과의 마찰이 생기면 어떻게 대응하겠는가?

⑭ 직장 상사가 나보다 다섯 살 이상 어리면 어떤 기분이 들겠는가?

⑮ 현재 심각한 취업난인 반면 중소기업은 인력이 부족하다는데 어떻게 생각하는가?

⑯ 영어 자기소개, 영어 입사동기

⑰ 지방이나 오지 근무에 대해서 어떻게 생각하는가?

⑱ 상사에게 부당한 지시를 받으면 어떻게 행동하겠는가?

⑲ 최근 주의 깊게 본 시사 이슈는 무엇인가?

⑳ 자신만의 스트레스 해소법이 있다면 말해보시오.

서원각 용어사전 시리즈

상식은 "용어사전"

용어사전으로 중요한 용어만 한눈에 보자

1 **시사용어사전 1200**
매일 접하는 각종 기사와 정보 속에서 현대인이
놓치기 쉬운, 그러나 꼭 알아야 할 최신 시사상식
을 쏙쏙 뽑아 이해하기 쉽도록 정리했다!

2 **경제용어사전 1030**
주요 경제용어는 거의 다 실었다! 경제가 쉬워지
는 책, 경제용어사전!

3 **부동산용어사전 1300**
부동산에 대한 이해를 높이고 부동산의 개발과 활
용, 투자 및 부동산 용어 학습에도 적극적으로 이
용할 수 있는 부동산용어사전!

중요한 용어만 공부하자!

- 최신 관련 기사 수록
- 다양한 용어를 수록하여 1000개 이상의 용어 한눈에 파악
- 용어별 중요도 표시 및 꼼꼼한 용어 설명
- 파트별 TEST를 통해 실력점검

자격증

한번에 따기 위한 서원각 교재

한 권에 준비하기 시리즈 / 기출문제 정복하기 시리즈를 통해 자격증 준비하자!